Cocinando con Chef Pepín

COMO LO VIO EN LA TELEVISIÓN

"Cocinando con Chef Pepín" es el libro de cocina para la familia de hoy, con recetas fáciles para cada ocasión. Aquí encontrará desde exquisitos aperitivos, que harán de sus fiestas un verdadero éxito, hasta almuerzos simples y deliciosos que convertirán su "hora del lunch" en un momento memorable.

¡Todas las recetas son fáciles y de-li-ciooo-sas!

Cocinando con Chef Pepín

COMO LO VIO EN LA TELEVISION

Con las deliciosas recetas que usted vio en televisión y que siempre quiso tener

Cocinando con Chef Pepín

Avanti Publishing Company
10100 N.W. 25 th Street
Miami, Florida. 33172

© Copyright 1997. José Antonio Hernández.
 Todos los derechos reservados.

 Editado por United Publishing Inc.

Contenido

6/ Este es Chef Pepín

8/ Glosario

10/ Almuerzos

21/ Aperitivos

35/ Carnes

53/ Ensaladas

61/ Pastas

71/ Pescados y mariscos

101/ Pollos y aves

117/ Postres

135/ Sopas

Este es Chef Pepín

De niño, en Cuba, José Hernández tuvo el don de una abuela amorosa, siempre dispuesta a enseñarle a su curioso nieto cómo hacer platillos especiales para la familia.

Esas lecciones fueron la fuerza que le condujo a comenzar más tarde una carrera en televisión, y a hacer de él un favorito de millones y millones de televidentes, que hoy le conocen como Chef Pepín.

Pepín se marchó de Cuba en 1960, pero nunca se ha apartado de sus raíces.

Una de sus primeras ocupaciones en el Sur de la Florida fue la de cocinero de una marina. Luego abrió un negocio que suministraba *sandwiches* y comidas rápidas a algunos establecimientos.

Después de participar en cursos de elaboración de alimentos —y descubrir que atesoraba una variada y creciente colección de recetas— la única conclusión lógica fue combinar estas aptitudes con su gusto por la actuación, y así comenzar una brillante carrera como *chef* de televisión. Usando el sobrenombre con que su abuela solía llamarle cariñosamente, se convirtió en Chef Pepín. Así nació uno de los *chefs* más sobresalientes en la televisión del presente.

Chef Pepín hizo su debut en televisión en septiembre de 1988 en "T.V. Mujer", convirtiendo a este *show* diario en uno de los de más amplia aceptación. Más tarde, Pepín deleitó a los televidentes de "Hola América" por un año, y a los de "Al Mediodía", por otro. Siendo bilingüe, Pepín ha tenido gran éxito en la televisión en inglés, incluido entre sus programas, el popularísimo *show Attitudes*.

Participante en comerciales de la televisión nacional y en diversas campañas promocionales, Chef Pepín comparte asimismo su multifacética personalidad con obras de caridad.

Moviéndose con toda naturalidad ante las cámaras, su calidez, su sentido del humor y lo entusiasta de sus presentaciones, han hecho de él un querido personaje, tanto en norte como en latinoamérica. Cartas de sus *fans* le llegan diariamente desde todos los lugares del mundo.

Pepín es una prueba palpable del adagio que reza, *"haz lo que te gusta, que lo demás vendrá solo"*.

Chef Pepín y su esposa Telvy, son los padres de Anamaria y José Antonio. Todos residen en Miami Beach, Florida.

...Mi éxito culinario ha sido hacer recetas fáciles, rápidas y de-li-ciooo-sas!
¡¡Ja, jai!!

Cocinando con Chef Pepín
Glosario

- Acaramelar o dorar
  en un molde .... Poner una cantidad de azúcar en un recipiente a fuego bajo, hasta que se funda o derrita. En cuanto el azúcar se derrita, y antes de que cristalice, expándala por todo el fondo y las paredes del molde.
- **Aceitar** .... **Untar aceite.**
- Adobo .... Mezcla de sal y otros ingredientes para darle más sabor a la comida.
- **Aliñar** .... **Preparar o condimentar los alimentos para que resulten más sabrosos.**
- Aperitivo .... Comidas o bebidas que se sirven antes de las comidas.
- **Bacalao** .... **Pez del Atlántico. Se consume preferentemente seco y salado**
- Baño de María .... Cocinar un preparado, poniendo en un recipiente que, a su vez, se introduce en uno de mayor tamaño con agua
- **Barbacoa** .... **Parrilla para asar carnes.**
- *Broil* .... Asar al horno.
- **Cabeza de ajo** .... **Conjunto de todos los granos o "dientes" de ajo.**
- Cernir .... Pasar la harina a través de un cernidor o colador.
- **Consumir el caldo** .... **Secar o gastar todo el líquido.**
- Cortar menudito .... Cortar en trozos bien pequeños.
- ***Deep-Frying*** .... **Freír algo en gran cantidad de aceite vegetal o manteca.**
- Desbaratar un huevo .... Mezclar la yema y la clara con un tenedor o una espátula, sin hacer espuma.
- **Desgrasar** .... **Quitar la grasa de una salsa o de un caldo.**
- Desmenuzar .... Distribuir en pedacitos muy pequeños.
- **Dorar la carne** .... **Poner la carne en una sartén o recipiente a fuego alto, para que se dore rápidamente.**
- Engrasar un molde ..... Untar de grasa un molde.

GLOSARIO

- **Envolver** ....Al añadir un ingrediente al resto de la mezcla, hágalo como si lo envolviera. Nunca haga un movimiento rápido, ni circular.
- Escurrir ....Sacar o quitar el líquido.
- **Fiambre** ....**Frío.**
- *Fold-In* ....Lo mismo que Envolver. Ver "Envolver".
- **Fuego Alto** ....**Fuego vivo.**
- Fuego lento ....Lo mismo que Fuego Bajo.
- **Fuego moderado** ....**Fuego mediano, a media llama.**
- Grano o diente de ajo ...Una sola de las partes que componen el conjunto, capullo, o cabeza de ajo.
- *Gravy* ....**Salsa que se prepara para acompañar a las carnes. Por ejemplo, gravy para carne.**
- Impregnar con adobo ....Mojar con el adobo lo que se va a cocer.
- **Manteca con achiote** ....**Manteca con granos de achiote, para dar color.**
- Polvo de pan o galleta ....Polvo rallado o molido fino, de pan tostado o galleta.
- **Pollo en presas** ....**Pollo limpio y cortado en presas.**
- Punto de nieve ....El punto en que las claras de huevo batidas se mantienen erguidas.
- **Rallar o "guayar"** ......**Rallar con un rallador o "guayo", de modo que lo rallado salga en tiras finitas.**
- Remojar ....Dejar sumergido en líquido por varias horas.
- **Rodillo** ....**Utensilio cilíndrico que se utiliza para estirar o aplanar las masas.**
- *Roast* ....Cocer al horno bajo la acción del aire caliente.
- **Saltear** ....**Cocer en grasa y a fuego vivo, removiendo vivamente.**
- Salpimentar ....Condimentar una comida con sal y pimienta.
- **Sellar** ....**Unir los extremos o quemar la carne por todos lados para conservar los jugos.**
- Sin diluir ....Sin añadir líquido.
- **Sofreír** ....**Freír ligeramente una vianda o condimento.**
- Tabla enharinada ....Tabla sobre la cual se ha esparcido o espolvoreado harina levemente.
- **Zanahoria raspada** .....**Zanahoria raspada con un cuchillo en vez de mondada.**

almuerzos

ALMUERZOS

TORTA DE LEGUMBRES

(Brasil, Chile, Argentina)

Ingredientes:

- 1 taza de aceite
- 5 huevos
- 3 tazas de harina
- 1 cdta. de polvo de hornear
- 1 taza de papas cocidas y picadas en cubitos
- 1 taza de zanahorias cocidas y picadas en cubitos
- 1 taza de chícharos
- 6 cebollas verdes
- 1/2 taza de tomates picados
- 1/2 taza de pimientos rojos picados
- 3 cubitos de caldo de pollo
- 2 tazas de agua
- Pimienta al gusto

Procedimiento:

Precaliente el horno a 350°F.
Bata los huevos hasta que las claras y las yemas estén bien unidas. Añada la harina y el aceite. Diluya los cubitos de caldo de pollo en el agua, y también incorpórelos a la masa. Añada todos los vegetales y mezcle bien.
Utilizando un molde de hornear preengrasado, hornee por 45 minutos, o hasta que esté firme.

HUEVOS AL CURRY

Ingredientes:

- 4 huevos duros
- 2 cdtas. de margarina
- 2 cdtas. de harina
- 1 cdta. de polvo curry
- 1 taza de leche
- 1 oz. de queso suizo rallado
- Una pizca de nuez moscada
- 1 taza de champiñones en rebanadas (cocidas)
- 2 cdtas. de perejil fresco bien picado
- Sal y pimienta al gusto

Procedimiento:

Derrita la margarina a fuego mediano.
Agregue la harina y el polvo de curry.
Lentamente añada la leche, y revuelva constantemente para que no se formen grumos.
Cocine hasta que espese la salsa.
Añada sal, pimienta y nuez moscada, y también los champiñones. Corte los huevos a lo largo en cuatro, y colóquelos en un molde de hornear.
Cubrir con la salsa. Espolvoree el queso por encima.
Hornee a 350°F por 15 minutos. Al servir, decórelo con el perejil fresco por encima.

ASPIC DE TOMATE Y CANGREJO

Ingredientes:

- 2 sobres de gelatinas sin sabor
- 1 taza de caldo de res condensado (*beef broth*)
- 3 tazas de jugo de tomate
- 1 cebolla grande
- 2 hojas de laurel
- 1/4 de cdta. de sal de apio
- 2 cdas. de limón
- 1 taza de apio bien picado
- 1 lata de 7-1/2 oz. de carne de cangrejo
- Un molde de 5-1/2 tazas

Procedimiento:

Diluya la gelatina en 1/2 taza de caldo de res.
Combine 3 tazas de jugo de tomate, las cebollas, las hojas de laurel y la sal de apio, y hágalo hervir.
Quítelo del fuego. Remueva las cebollas y las hojas de laurel.
Añada la gelatina, revolviendo hasta que se una bien.
Agregue el resto del caldo y el limón.
Viértalo en un molde y refrésquelo hasta que esté medio firme. Agregue el cangrejo y el apio, y enfríe hasta que esté bien firme.

PAPAS A LA HUANCAINA

(Perú)

Ingredientes:

Salsa:
- 1/2 taza de aceite
- 1/2 taza de crema de nata (*Half & Half*)
- 1/2 cebolla
- 12 papas chicas cocidas (mantenerlas tibias)
- 3 yemas de huevos hervidos
- 1/2 taza de queso requesón (*Cottage Cheese*)
- 1 chile verde picadito
- Sal y pimienta al gusto

Procedimiento:

Utilizando una licuadora o procesadora, muela todos los ingredientes. Sirva la salsa sobre las papas. Acompáñelo con aceitunas y huevo hervido.

BROCHETAS DE FRUTAS

Ingredientes:

- Fresas
- Melón
- Piña
- 1 queso crema de 8 oz.
- 1 yogur de fresa
- Miel

Procedimiento

En un palito de barbacoa coloque una fresa, un trozo de melón y un trozo de piña sucesivamente, hasta terminar.

Aparte, mezcle el queso crema con el yogur y agregue un chorrito de miel.

PIMIENTOS RELLENOS CON CERDO (bajos en calorías)

Ingredientes:

- 2 pimientos verdes
- 1/2 taza de arroz (cocido)
- 6 oz. de cerdo (cocido y picado en pedacitos)
- 1/2 pimiento morrón
- Sal de cebolla al gusto
- Polvo de ajo al gusto
- Jugo de tomate

Procedimiento:

Corte los pimientos a la mitad, removiéndoles las semillas y cocínelos en agua.
Caliente hasta que se ablanden.
Combine el cerdo, arroz, pimiento morrón, sal de cebolla y el polvo de ajo.
Rellene el pimiento con la mezcla.
Póngalo en un molde hondo y cúbralo con jugo de tomate.
Hornee con el jugo a 350°F por 25 minutos.

Da 2 raciones.

PASTEL DE PLATANO MADURO (75 calorías)

(Venezuela)

Ingredientes:

- 8 cdas. de margarina (1 barra)
- 2 tazas de queso blanco rallado
- 2 cdas. de galletitas dulces molidas *(Graham Crackers)*
- 4 yemas de huevo
- 4 claras de huevo
- 2 plátanos maduros
- 4 cdas. de azúcar
- 1 cdta. de canela

Procedimiento:

Pelar y picar los plátanos a la mitad.
En una sartén derretir 3 cucharadas de margarina.
Freír las rebanadas de plátano hasta que estén doradas por ambos lados, y secarlas en papel toalla.
En una fuente pequeña mezclar el queso rallado, azúcar, canela y dejar al lado.
En una fuente grande batir las claras de huevo hasta que estén firmes. En una fuente aparte, batir las yemas de huevo hasta que tengan un color limón claro.
Mezclar las yemas de huevo y las claras.
Precalentar el horno a 350ºF.
Utilizando un molde de hornear engrasado con margarina, espolvoree las galletitas molidas hasta que cubra.
Hacer camadas de 1/4 de la mezcla de huevo. Sobre el huevo, coloque las rebanadas de plátano, y sobre el plátano, 1/3 de la mezcla de queso.
Repita el proceso, terminando con la mezcla de huevo.
Salpique una cucharada de margarina por encima de la torta.
Hornear por 35 minutos.
Dejarlo enfriar por 5 minutos y sacarlo del molde.
Sírvalo con cerdo asado, carne o pollo.

PAVO AHUMADO EN SALSA DE CHILE

Ingredientes

- 1-1/2 Lbs. de pavo ahumado en trozos
- 1/2 cebolla grande en rebanadas
- 1/2 litro de salsa de chile
- 1-1/2 Lbs. de papas cocidas y cortadas en cuartos
- 3 cucharadas de aceite de maíz.

Procedimiento:

Corte los trozos de pavo pequeños. Caliente el aceite y sofría la cebolla en una sartén honda, en el aceite. Luego agregue los trozos de carne del pavo. Una vez frito todo, agregue las papas cortadas, ya precocidas. Mezcle bien. Vierta la salsa de chile, deje que hierva 5 minutos, y ya puede servirlo.

Da para 4 personas.

PANECILLOS DE AVENA

Ingredientes:

- 1-3/4 de taza de avena
- 1 cdta. de canela
- 1/2 cdta. de bicarbonato de soda
- 1/4 de cdta. de polvo de hornear
- 6 oz. de jugo de manzanas concentrado congelado, sin diluir.
- 1/4 de taza de harina blanca
- 1/4 de cdta. de especias mixtas (*allspice*)
- 1 taza de leche descremada
- 2 claras de huevos grandes
- 6 cdas. de uvas pasas
- 1/2 cdta. de sal

Procedimiento:

Precaliente el horno a 350ºF.

Mezcle todos los ingredientes secos en un recipiente.

Añada la leche, el jugo y las pasas. Déjelo descansar 10 minutos. Batir las claras y añadir a la masa.

Colóquelo en un molde preengrasado para 8 *Cup-Cakes* (Panecillos).

Hornee 25 minutos.

aperitivos

HUMUS (Líbano)

Ingredientes:

- 1 lata de garbanzos (*chick peas*)
- 1/3 de taza de aceite
- 2 cdas. de perejil finamente picado
- 3 dientes de ajo machacados
- 1/3 taza de jugo de limón

Procedimiento:

Escurra los garbanzos y póngalos en una licuadora, añadiéndoles el jugo de limón, el aceite y el ajo. Licúe hasta que se pongan como una pasta. Añadirle sal y pimienta al gusto. Mezclar el humus con perejil picadito.

El humus es delicioso como un aperitivo, acompañado de pan de pita o galletas.

DIP DE ESPARRAGOS

Ingredientes

- 1 taza de crema agria
- 1 taza de espárragos enlatados
- 2 oz. de cebolla fresca (si desea)
- Ajo al gusto

Procedimiento:

Ponga todos los ingredientes en la licuadora y bata hasta que estén bien unidos.
Agregue la cebolla y mézclela.

Excelente "dip" para los vegetales.

SANDWICH DE AGUACATE

Ingredientes:

- 1 pan de molde (americano) cortado a lo largo
- Mayonesa en cada pan
- 1 aguacate grande, maduro
- 3 tomates maduros, chicos
- 4 huevos hervidos, finamente picados
- 1/2 cdta. de pimienta negra
- 1 cdta. de sal

Procedimiento:

Cree un sándwich de tres pisos. Humedeciendo la primera rebanada de pan con mayonesa, cúbrala con tajadas de aguacate finamente picadas. Salpique el aguacate con sal al gusto.

Antes de tapar con otra rebanada de pan, cubra esta rebanada con mayonesa también, y tape el aguacate. Úntele ligeramente mayonesa a esa tapa.

Sobre la mayonesa coloque el huevo triturado y salpíquele al huevo pimienta al gusto. Antes de tapar el huevo con otra rebanada de pan, úntele mayonesa también a la rebanada de pan.

Cubra el huevo con la rebanada de pan y sobre ésta, también úntele mayonesa.

Coloque finas rebanadas de tomate sin semillas ni piel sobre esta rebanada de pan, y cubra el tomate con otra rebanada de pan, untada de mayonesa. Inserte palillos a una pulgada y media de distancia por cada lado a lo largo de esta barra. Y córtelo a la mitad y entre los palillos, creando unos sandwichitos.

El éxito de este aperitivo es el cortar todos los ingredientes lo más finos posibles, y untarle la menor cantidad de mayonesa.

Si desea, pudiera no ponerle los palillos y cubrir la lonja de pan con mayonesa después que el sándwich esté creado, y cortándolo en rebanadas puede servir esta tajada en un plato.

Es ideal para un *lunch* ligero con una sopa.

APERITIVOS DE HUEVO

Ingredientes:

- 8 huevos hervidos (duros)
- 6 cdas. de mayonesa
- 2 cebollas verdes (cebollino) finamente picadas
- 1 cda. de mostaza preparada (dijon)
- 1/4 cdta. de salsa picante (o al gusto)
- Sal y pimienta al gusto

Procedimiento:

Pele y corte los huevos a lo largo.
Sáqueles las yemas, aplástelas con un tenedor y añada todos los ingredientes.
Rellene las claras con esta deliciosa pasta.
Son muy sabrosos y nutritivos.
Puede hacer que los niños lo ayuden a decorar.

(Da para 4 ó 6 porciones)

ENROLLADITOS DE PATE

Ingredientes:

- 1 pan de molde picado a lo largo (sin corteza)
- 8 oz. de queso crema
- 2 latas de paté de hígado
- 1 lata de caviar

Procedimiento:

Una el paté con el queso crema. Sobre una hoja de papel parafinado (*wax paper*), coloque una rebanada de pan en el centro, humedeciendo el pan con agua por la cara que toca el papel. Úntele la pasta generosamente. Por la punta por donde lo comience a enrollar, coloque un poquito de caviar de lado a lado. Enróllelo utilizando el papel para que le sea más fácil. Retuerza las puntas del papel y congélelo hasta que lo vaya a usar.
Córtelo en rueditas y sírvalo en una bandeja, totalmente descongelado.

QUESO A LA PLANCHA

Ingredientes:

- 1/2 lb. de queso provolone
- Orégano
- Aceite de oliva

Procedimiento:

Corte un trozo de aproximadamente una pulgada y media, de queso provolone, y colóquelo en la plancha o en una sartén gruesa precalentada.
Cuando esté ligeramente tostado, déle vuelta y espolvoree con orégano picado.
Pasados dos minutos, saque el queso provolone, sirva en un plato y rocíe con aceite de oliva virgen. Puede decorar con tomate en rebanadas y unas hojas de albahaca.

YAPINGACHO

Ingredientes:

- 5 lbs. de papas
- 4 oz. de queso blanco
- 1 tomate
- 1 taza de cilantro
- 3 dientes de ajo
- 16 oz. de mantequilla de maní (cacahuete)
- 1/2 pimiento verde
- 1 cebolla grande
- 4 cdas. de aceite
- Sal al gusto

Procedimiento:

En 4 cucharadas de aceite, sofreír la cebolla, el ajo, el pimiento, los tomates y el cilantro. Los ingredientes pueden ser molidos antes de sofreír. Diluya el maní en 1/2 taza de agua y añádalo al sofrito una vez que esté listo. Cocinar moviendo continuamente por unos dos minutos más. Salar al gusto.

Hacer la papa puré:

Humedeciéndose las manos con clara de huevo, haga unas tortitas gruesas y póngales un pedacito de queso blanco en el centro. Fríalas en muy poquito aceite hasta que se doren por ambos lados. Servir esta torta sobre dos hojas de lechuga, bañándolas con la salsa.

Corone esta exquisitez con un huevo frito.

Tiene que acompañarlo con chorizos y plátano maduro frito.

Da para 8 personas.

CARIMAÑOLAS

Ingredientes

- 4 Lbs. de yuca (puede ser congelada)
- 1 yema de huevo
- Aceite, suficiente para freír
- Sal al gusto

Relleno:

Cocine una libra de carne molida hasta que cambie el color. Se sazona con sal, pimienta, 1/4 de taza de tomate, sal de ajo, y se pueden añadir aceitunas rellenas, alcaparras y pasas, si desea.
Hierva la yuca con sal. Tiene que quedar firme.
Se muele o aplasta con un estribo. A esta masa se le añade la yema de un huevo y sal al gusto. De la masa se van sacando porciones. Se moldean en la palma de la mano engrasada con un poquito de aceite, incluyéndole un poco de relleno y cerrándola en forma de dirigible, como de 3" de largo por 1" de ancho. Se fríen en aceite bien caliente hasta que se doren, y se comen calientes.

Da para 6 personas.

POLLO EN PANTALONES (México)

Ingredientes:

- Adobo
- 30 muslitos de pollo (de la parte del ala)
- 2 dientes de ajo
- Jugo de 2 limones
- 3 cdas. de perejil
- 1 cdta. de polvo chili
- 1 cdta. de orégano
- 1 cdta. de pimienta
- Aceite para freír

(Unir todos los ingredientes y marinar de un día a otro, o por lo menos una hora. Guardarlo tapado en la nevera o refrigerador).

Para rebosar:

- 1-1/2 tazas de harina
- 1 huevo
- 3/4 taza de agua
- 1 cdta. de bicarbonato de soda
- 1 cdta. de polvo de chili
- 1 cdta. de orégano
- 3 cdtas. de perejil
- 1/2 cdta. de sal
- 1/2 cdta. de jengibre fresco rallado

(Mezclarlo todo y dejarlo aparte)

Para hacer la salsa:

- 2 tazas de tomates finamente picados, preferiblemente pelados y sin semillas
- 1 pomo de pimientos morrones picados bien finitos
- 1 cebolla roja picada finamente
- 1 limón
- 2 dientes de ajo majados
- Cilantro al gusto
- 3 cdas. de vino blanco

(Mezclar todos los ingredientes y hervirlos a fuego lento por 10 minutos. Mantenerlos tibios).

Instrucciones:

Rebosar los muslitos de pollo.
Freír en aceite hasta que estén dorados.
Servir con la salsa como aperitivo.

BIZCOCHO DALLAS DE QUESO

Corteza:

- 1 taza de *tortilla chips,* bien molidas
- 3 cdas. de margarina derretida

Relleno:

- 2 paquetes (8 oz. cada uno) de queso crema
- 2 huevos
- 1 paquete (8 oz.) de queso *Monterrey Jack* desmenuzado
- 1 lata (4 oz.) de chilis verdes bien picaditos, sin agua.

Cubierta:

- 1 taza de crema agria (*Sour Cream*)
- 1 taza de pimientos amarillos o color naranja, bien picaditos
- 1/2 taza de rebanaditas de cebollas verdes
- 1/3 de taza de tomates picados y desmenuzados
- 1/4 de taza de rebanadas de aceitunas

Corteza: Caliente el horno a 325ºF

Vierta las *tortilla chips* molidas y revuélvalas con la margarina en un tazón; apriete en el fondo de una bandeja de bizcocho de 9". Cocine 15 minutos.

Relleno: Batir bien el queso crema y los huevos en un tazón o recipiente de buen tamaño con una batidora eléctrica, hasta que todo esté bien mezclado. Vierta ahora el queso y los chilis sobre la corteza.
Cocine al horno por 30 minutos.

Cubierta: Vierta la crema agria (*Sour Cream*) por encima del bizcocho. Afloje el bizcocho del borde de la bandeja; deje que se refresque antes de remover el borde de la bandeja. Refrigere por varias horas o durante la noche. Cubra con los ingredientes restantes. Sirva con tortilla *chips* o galletitas.

Da de 16 a 20 porciones.

QUESADILLAS DE TRES PIMIENTOS

Ingredientes:

- 1 taza de pimientos verdes finos en tiritas
- 1 taza de pimientos rojos finos en tiritas
- 1 taza de pimientos amarillos finos en tiritas
- 1/2 taza de anillos de cebolla, picados bien finitos
- 3 cdtas. de margarina
- 1 cdta. de comino molido
- 1 paquete (8 oz.) de queso *cheddar*
- 10 tortillas de harina (6 pulgadas)

Procedimiento:

Caliente el horno a 425°F.
Cocine y revuelva los pimientos y cebollas en dos cucharadas. de margarina a calor medio en una sartén, hasta que estén tostaditos. Agregue el comino.
Remueva los vegetales de la sartén.
Derrita la cucharada de margarina sobrante en una sartén pequeña; déjala a un lado hasta que se asiente.
Rocíe 1/4 de taza de queso en cada tortilla. Rocíele encima también un poco de mezcla de los pimientos.
Doble las tortillas a la mitad y póngalas en un molde o plancha de hornear.
Páseles ligeramente una brocha con la margarina derretida.
Cocine al horno de 5 a 7 minutos, o hasta que el queso esté derretido. Corte cada tortilla en tercios formando triángulos.
Sírvalas calentitas con salsa.
Hacen 2-1/2 docenas.

(Tiempo de preparación: 20 minutos)
(Tiempo de cocción: 7 minutos)

Pasta de Cóctel **DELICIAS DE CANGREJO** con Queso Crema

Ingredientes:

- 1 paquete (8 oz.) de queso crema
- 1 paquete (8 oz.) de carne de cangrejo cocinada
- 1 pomo (9 oz.) de salsa de cóctel de mariscos
- Vegetales verdes surtidos

Procedimiento:

Ponga el queso en el centro de un plato cubierto de hojas de lechuga.
Viértales por encima la salsa de cóctel y la carne de cangrejo.
Adorne con tomillo o perejil.
Sirva con galletitas surtidas.

Tiempo de preparación: 5 minutos

FRITURITAS DE BACALAO

Ingredientes:

- 1 lb. de bacalao
- 1-1/3 taza de agua
- 1 cdta. de sal
- 1 cda. de vinagre
- 2 tazas de harina
- 1 huevo
- 4 cdtas. de polvo de hornear
- 1 cda. de perejil
- 3 tazas de aceite

Procedimiento:

Se remoja el bacalao en el agua desde la noche anterior, cambiándole el agua por lo menos 3 veces.
Se reserva 1-1/3 tazas de agua del remojo (del primero).
Se desmenuza el bacalao, y se le añaden todos los ingredientes sobrantes. Se une todo bien y se fríe en aceite bien caliente.

CHILES RELLENOS CON QUESO Y YOGUR

Ingredientes:

- 18 oz. de jitomate (tomates maduros)
- 12 chiles poblanos
- 9 oz. de jocoque (yogur)
- 2 cebollas chicas
- 9 oz. de queso fresco en trozos pequeños
- 3 huevos
- 1 taza de harina
- 3 oz. de queso *Monterrey Jack* desmenuzado
- Aceite, lo necesario para freír
- Sal al gusto

Procedimiento:

Utilizando el horno, o sobre la hornilla de la estufa, se asan los chiles, se pelan, se abren y se les quitan las semillas y venas.
Se lavan con cuidado y se rellenan con el queso fresco
y el jocoque.
Se envuelven en harina, se rebozan con huevos
y se fríen en aceite.
Por separado, se fríe la cebolla cortada en rebanadas
y el jitomate molido con una pizca de sal, dejándolos
cocer a fuego lento.
Mientras tanto se acomodan los chiles en una bandeja, se bañan con la salsa y se cubren con el queso desmenuzado.
Se hornean a fuego moderado por 10 minutos.

ARBOL NAVIDEÑO DE QUESO

Ingredientes:

- 8 oz. de queso *cheddar* rallado
- 8 oz. de queso crema
- 2 cdas. de pimientos
- 2 morrones picados
- 1 cda. de pimiento verde picado
- 1 cdta. de cebolla rallada
- 1 cdta. de salsa inglesa
- 1/2 cdta. de jugo de limón

Decoración:

- Nueces picadas
- Perejil picado

Procedimiento:

Una todos los ingredientes. Utilizando una bandeja plana haga la forma de un arbolito de Navidad (si tiene un molde en forma de arbolito de Navidad, es más fácil). Cúbralo con nueces picadas y salpíquelo con perejil.

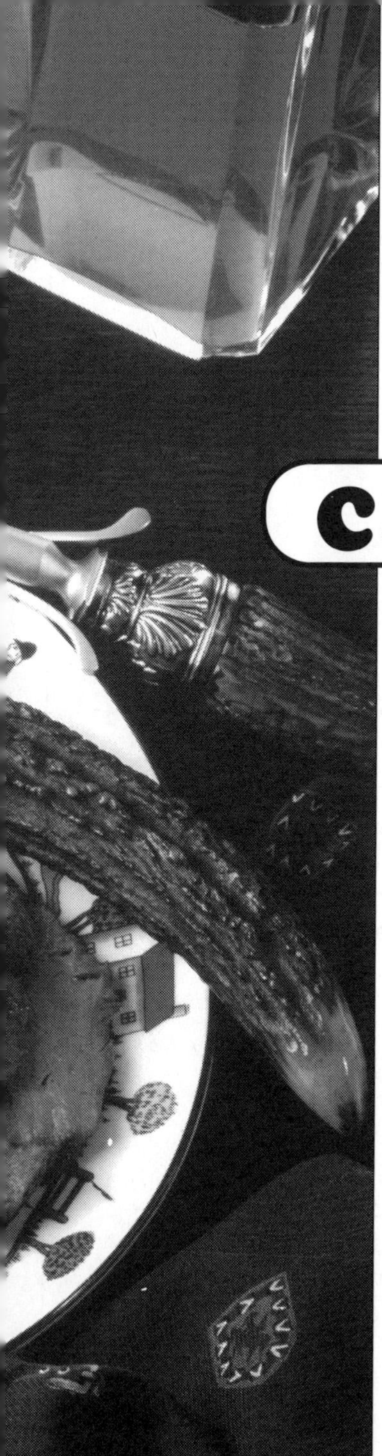

carnes

carnes
carnes
carnes
carnes
carnes
carnes
carnes
carnes
carnes
carnes
carnes
carnes
carnes
carnes
carnes

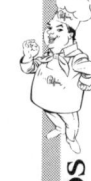

TERNERA A LAS 7 COLINAS

(Para 4 personas)

Ingredientes:

- 1 lb. de ternera (cortada finamente)
- 6 rebanadas de queso mozzarella
- 1/4 taza de vino blanco
- Salsa de tomate
- 1 lata de pimientos morrones
- 6 rebanadas de jamón
- Harina blanca para apanar
- 3 dientes de ajo
- Aceitunas negras
- Aceite para freír

Procedimiento:

La carne se aplasta con un mortero, hasta que quede bien fina. Se corta haciendo unos medallones de 3 ó 4 pulgadas de largo.
Para rebosar, salpimiente la carne y pásela por la harina.
Caliente unas cucharadas de aceite, fría el ajo hasta que cambie de color.
Saque el ajo, y en ese mismo aceite fría la carne por los dos lados. Agregue el vino blanco a la sartén.
Coloque la carne sobre un molde de horno o bandeja de hornear.
Coloque una lasca de jamón sobre cada pedazo de carne, un pedazo de pimiento rojo y cúbralo con la rebanada de queso. Sobre el queso, una cucharadita de salsa de tomate.
Decórelo con la mitad de una aceituna negra.
Póngalo al horno a 350°F grados hasta que el queso se derrita.

CHULETAS DE CERDO RELLENAS (Para 4 personas)

Ingredientes

- 4 chuletas gruesas de cerdo, de 1/2 lb.
- 1 cdta. de pimentón
- 2 cdas. de aceite
- 2 cdas. de migas de pan
- 2 tazas de carne de res (molida)
- 8 pepinillos encurtidos (en mitades)
- 3/4 de taza de crema de leche
- 2 cdas. mostaza
- 2 cebollas medianas (en rodajas)
- 1/2 taza granos de maíz
- 1 huevo (batido)
- 4 cdas. agua
- Sal y pimienta al gusto

Procedimiento:

En un tazón mezcle la pimienta, pimentón, mostaza y sal al gusto. Con un cuchillo filoso, hágale un corte a la chuleta por la mitad, viértale la mezcla de mostaza, y póngala en el refrigerador por 1 hora.

En una sartén, ponga a calentar el aceite. Fría los anillos de cebolla hasta que se vean cristalinos. Añádales la carne molida, el maíz en grano, y las migas de pan. Sofría hasta que la carne cambie de color.

Añada el huevo batido, sal y pimienta.

Rellene las chuletas con esta mezcla de carne y páseles ligeramente el rodillo por encima.

Úntelas con un poco de grasa por encima y póngalas al horno precalentado a 350°F por hora y media. Coloque las chuletas en una fuente y manténgalas calientes.

Al jugo que recogió del asado, añádale la crema de leche y el agua, póngalo a fuego lento por 5 minutos o hasta que reduzca, y viérteselo por encima a las chuletas calientes.

PASTELES DE CERDO

(Para cuatro personas)

Ingredientes:

- 1 lb. de carne de cerdo molida
- 3 oz. de migas de pan de molde fresco (sin corteza).
- 2 cdas. de harina de hornear
- 2 cdtas. de salvia seca
- 1 cebolla picada en cuatro
- 1 cda. de aceite
- Pimienta negra recién molida.
- Sal

Procedimiento:

Calentar el horno a 350°F. Engrasar varios moldes pequeños con aceite.

Relleno:

Haga hervir una cazuela con agua y sal, y cocine en ella la cebolla durante 5 minutos. Escúrrala bien y deje enfriar.
Pásela a un recipiente y agregue las migas de pan, la harina, el aceite y la salvia. Revuelva. Salpimiente al gusto.
Sobre una tabla ligeramente enharinada divida la carne molida en ocho partes y después haga una bola con cada una de ellas.
Ponga una bola de carne molida en cada molde y presione firmemente hacia abajo con los dedos enharinados, dándoles a las bolas la forma del molde, hasta que rellene bien toda la base y los lados.
Ponga una cucharada llena del relleno de carne molida en cada molde y alise la superficie con un cuchillo.
Hornee justo en el centro del horno, durante 30 ó 35 minutos o hasta que estén dorados y totalmente cocinados.
Páselos a una fuente precalentada, adorne cada pastel con un ramito de salvia si lo desea, y sirva inmediatamente.

ASADO DE HIGADO (Para seis personas)

Ingredientes:

- 2 lbs. de hígado de ternera en un solo trozo
- 6 rebanadas de *bacon* (tocino)
- 3 hojas de laurel

Adobo:

- 1 diente de ajo machacado
- 1/4 cdta. de hierbas mixtas secas (romero, orégano, laurel)
- 3 cdas. de aceite
- 2 cdas. de jerez
- Sal y pimienta

Salsa:

- 5 cdas. aceite
- 1/2 lb. de cebolla finamente picada
- 2 cdas. de harina
- 8 oz. de caldo de pollo
- 1 cdta. de mostaza

Procedimiento:

Adobo:
Poner el ajo, las hierbas y el aceite en un recipiente grande y mezclarlo con la sal y la pimienta.
Coloque el hígado en el recipiente, revolviéndolo hasta que esté bien impregnado en el adobo.
Tapar y guardar en el refrigerador por lo menos durante 2 horas. Sacar el hígado del adobo y colocarlo en un papel de aluminio sobre una bandeja de horno. Hacerle unos cortes largos para poder introducir el *bacon*, colocar las hojas de laurel y verter sobre el hígado el adobo.
Envolver el hígado con el papel de aluminio cerrándolo bien y asar durante 1-1/4 horas a 350°F. Abrir el paquete y asarlo por 10 minutos más.

Salsa:
Calentar el aceite en una sartén pequeña, añadir las cebollas y sofreír hasta que estén doradas. Añadir la harina y cocinar unos minutos más. Bajar el fuego añadiendo gradualmente el caldo. Volverlo a hervir, revolviendo hasta espesar. Colocar el hígado en una fuente precalentada. Verter los jugos del paquete de aluminio dentro de la salsa en la sartén, añadir mostaza a la salsa y condimentar con sal y pimienta al gusto.
Calentar la salsa y servirla en una salsera aparte.

FILETILLO SALTEADO

Ingredientes:

- 1-1/2 lbs. de carne de res, cortada en tiras
- 1 cebolla picada finamente
- 1 taza de champiñones cortados en rebanadas finas
- 2 tazas de caldo de res
- 1 cda. de harina
- 1/2 cda. de pimentón
- 1 cda. de harina de hornear
- 4 cdas. de aceite
- Perejil picado
- 3 cdas. de mantequilla
- 1/3 de taza de crema agria (*Sour Cream*)
- Sal y pimienta negra recién molida

Procedimiento:

Caliente una cucharada de aceite. Añada las tiritas de carne y fríalas a fuego moderado, hasta que estén doradas. Con una espumadera, saque la carne y resérvela. Añada la cebolla y los champiñones a la sartén y fríalos hasta que estén suaves.
Vuelva a poner la carne en la sartén y vierta encima 1 taza de caldo. Agregue el perejil y sazone con sal y pimienta. Deje que hierva y cuando rompa a hervir, baje el fuego y tape la sartén, déjelo cocer a fuego lento, durante 35 a 45 minutos o hasta que la carne esté tierna.
Quite el líquido de la sartén y resérvelo en una jarra. Mantenga la carne caliente a fuego muy bajo. Utilizando una cazuela mediana caliente la mantequilla y añada la harina, revolviendo constantemente hasta hacer una pasta. Agregue el líquido que ha sacado de la sartén con el caldo que había reservado. Deberá calcular algo más de un taza de líquido reservado. Revuélvalo hasta hacer una deliciosa salsa. Vierta esta salsa sobre la carne y déjela calentar unos segundos más hasta que todo se haya unido bien.

Da para 5 personas

GOULASH (Para 4 personas)

Ingredientes:

- 2 lbs. de carne de ternera (cortada en cubitos)
- 3 zanahorias medianas
- 1/4 de lb. de *bacon* (tocino)
- 1 cda. de chile en polvo
- Sal al gusto
- 1/2 taza de crema de leche
- 1 pimiento verde
- 2 cebollas medianas
- 1 cda. de harina
- 1 taza de cerveza
- 4 cdas. de *catsup*
- 4 cdas. de aceite

Procedimiento:

Corte las verduras finamente. Sofría en aceite y *bacon* y coloque a un lado.
En el mismo aceite, dore la carne y añada la harina hasta que adquiera color. Agregue la cerveza y el *catsup*, luego las verduras y deje cocinar hasta que se ablande bien la carne.

Variación:

Puede moler las verduras añadiéndoles un poco de caldo de carne o agua fría.
Vuelva a poner en la cazuela y agregue la crema de leche. Sirva caliente.

Se puede acompañar con papas fritas.

CARNE FRIA (Para 6 a 8 personas)

Ingredientes:

- 1-1/2 lbs. de carne de res molida
- 1 lb. de jamón molido
- 2 huevos
- 1 lb. de carne de cerdo molida
- 1 sobre de sazón completa (o sazone con sal de ajo, cebolla en polvo, orégano, etc.)
- 1/2 taza de galleta molida
- Sal y pimienta al gusto

Procedimiento:

Una todas las carnes, añada los huevos y suficiente galleta molida como para que agarre consistencia y no se pegue en las manos (no use demasiada galleta molida para que no se ponga muy compacta).
Sazone bien. Enrolle la carne en 6 ó 7 rollos de unas 10 pulgadas de largo, utilizando papel de aluminio.
Ponga el paquete al horno precalentado a 350°F y hornee 45 minutos, o hasta que la carne se haya hecho.

CARNE CON PAPAS (Para 6 a 8 raciones)

Ingredientes

- 1 lb. de carne de res
- 1/2 cdta. de pimienta
- 1 cebolla
- 1 cda. de sal
- 1 pimiento verde pequeño
- 1 taza de vino seco
- 2 lbs. de papa
- 1 taza de alcaparrado
- 1/2 taza de aceite
- 1 cdta. de pimentón
- 1 hoja de laurel
- 3 dientes de ajo
- 1 lata salsa de tomate
- 1 taza de agua
- 1 taza de alcaparrado (aceitunas y alcaparras)

Procedimiento:

Corte la carne en cuadritos. Sofríala en el aceite caliente. Cuando esté ligeramente dorada, añada la sal, pimentón, ajos machacados y el pimiento verde pequeño picado.

Cuando se dore ligeramente, añada la salsa de tomate, vino seco y el agua. Déjelo al fuego lento hasta que la carne esté medio cocida y entonces agregue las papas cortadas en cuadritos y el alcaparrado.

Déjala cocinar hasta que las papas estén blandas y la carne cocida.

Si fuera necesario, para terminar la cocción añada un poco más de agua y vino seco.

CARNE BURGUNDY

(176 calorías en por ración)

Ingredientes:

- 1 lb. de carne de res sin grasa (*top round steak*)
- 2 cdas. de aceite
- 1 taza de zanahorias en cuadritos
- 1/2 taza de cebollas cortadas
- 1/2 taza de vino tinto (*Burgundy*)
- 1/2 taza de agua
- 1 diente de ajo finamente picado
- 1 cda. de agua fría
- 1-1/2 cdtas. de maicena

Procedimiento:

Si la carne es muy gruesa, aplástela con un mazo hasta que quede de 1/4 de pulgada de espesor.
Córtela en tiras y póngale la sal y la pimienta al gusto. Caliente el aceite en una cazuela con tapa. Fría la carne hasta que se dore. Escurrir toda la grasa de la cazuela.
Añada las zanahorias, cebolla, el vino, el agua y el ajo.
Hágalo hervir a fuego bajo, cocinando por 45 minutos o hasta que la carne se ablande.
Cambie la carne a una fuente, tapándola con papel de aluminio para que no pierda el calor.
Una la maicena y la cucharada de agua en un recipiente aparte.
Incorpore a la salsa en la cazuela, cocinando y revolviendo hasta que la salsa adquiera consistencia. Devuelva la carne a la salsa y únala bien.

Da 4 raciones

CHULETAS DE CERDO EN SALSA DE NARANJA

Ingredientes:

- 4 chuletas de cerdo
- 1 cda. de maicena
- 2 vasos de caldo de pollo
- 1 ramito de romero
- 2 ó 3 cdas. de aceite
- 1 vasito de vino blanco
- 1 diente de ajo machacado
- 2 cdas. de mermelada de naranja
- Sal y pimienta negra

Procedimiento:

Caliente el horno a 200°F. En una sartén grande caliente el aceite y fría las chuletas a fuego moderado, hasta que estén bien hechas por dentro y ligeramente tostadas. Ponga las chuletas en el horno y manténgalas calientes.

Al jugo que quede en la sartén, agréguele la maicena, y revuelva hasta que se una bien. Gradualmente se le añade el vino, el caldo de pollo, el ajo, el romero y la mermelada de naranja hasta que espese, y después de esto, vierta la salsa sobre las chuletas. Sirva.

Da 4 raciones

HIGADO A LA VINAGRETA

Ingredientes:

- 1-1/2 lb. de hígado de res
- 1 pimiento pequeño
- 1 cda. de vinagre
- 2 cdtas. de aceite.
- 1 cebolla mediana
- 1/2 cda. de polvo de ajo
- Sal y pimienta al gusto

Procedimiento:

Corte en cuadritos el hígado, el pimiento y la cebolla. Utilizando una sartén, caliente el aceite y sofría el hígado, el pimiento y la cebolla. Espolvoree el ajo, sal y pimienta al gusto, y añada el vinagre. Baje el fuego, tápelo, y cocine por unos minutos más, revolviendo de vez en cuando.

PASTELON AL PASTOR

Ingredientes:

- 1-1/2 lbs. de carne de res
- 1 Pimiento verde
- 1 Tomate mediano
- 14 oz. de caldo de res
- Cebolla en polvo
- Sal
- Pimienta

Procedimiento:

Cortar la carne en cubitos. Sazonar con sal, pimienta y sal de cebolla. (Si la carne no está cocinada, cocinarla a fuego lento humedeciéndola con la salsa de res). Ponerlo en un molde de hornear y cubrirlo con una capa de puré de papas. Ponerlo al horno a 425°F hasta que se caliente. Para variar se le puede añadir pimientos verdes, tomates, huevos hervidos.

CASEROLA MEXICANA AL MICROONDAS (Para 6 personas)

Ingredientes:

- 1 lb. carne molida
- 1 lata (16 oz.) de frijoles refritos
- 1 taza (4 oz.) de queso rallado
- 1 taza de crema agria (*Sour Cream*)
- 1-1/4 oz. de sazón de tacos
- 1 lata (11 oz.) de sopa de queso *Cheddar*
- 1/2 taza aceitunas negras sin semillas
- 2 cebollas verdes (largas) picaditas
- Tortillas redonditas para decorar

Procedimiento:

En una cacerola para microondas de 2 cuartos, cocine la carne por 5 minutos (*high*), revolviéndola después que hayan pasado 2 minutos.
Escurra el agua o la grasa. Coloque la carne en un bol o recipiente.
Añada la sazón de tacos, uniendo bien hasta que cambie de color. Utilizando un molde de *pie* de cristal, en el fondo esparza los frijoles refritos, cubriéndolos con la carne. Encima de la carne esparza la sopa, dejando un espacio de una pulgada del borde. Rocíelo con el queso y las aceitunas. Cocínelo por 15 minutos en el microondas hasta que el queso se derrita y haga burbujas.
Ponga la crema agria salpicada con la cebolla larga a un lado de la cacerola y las tortillas alrededor.

FILETE STROGONOFF

Ingredientes:

- 1 lb. de filete
- 1 cebolla mediana
- 1 taza de salsa (*gravy*)
- 1/2 taza crema de batir
- 1 oz. de coñac
- 1/2 taza champiñones
- 1 oz. de pepinillos *relish* (encurtidos)
- 1 oz. de vino tinto
- 1/2 cdta. de paprika
- 2 cdas. de aceite

Procedimiento:

Utilizando una sartén con tapa, caliente el aceite y saltee la cebolla, los hongos, y el filete. Agregue el coñac para desgrasar.
Añada el *gravy*, vino tinto, la crema de batir y los pepinillos.
Se condimenta con sal y paprika. Cocínelo, a fuego lento hasta que la carne se ablande.

PASTELON DE CARNE

Ingredientes

Masa:
- 3/4 de taza de queso ricota
- 1/2 taza de harina
- 3 cdtas. de polvo para hornear
- 4 cdtas. de aceite
- 3 cdas. de mantequilla
- 2 huevos

Relleno
- 1 cebolla grande
- 1-3/4 de carne picada fina
- 1 cda. de harina
- 2 cdas. de aceite
- 1 manzana verde
- 1/2 taza de jamón
- 2 huevos
- 1/4 de taza de aceitunas verdes
- Pimentón
- Condimentos al gusto

Masa: En un bol mezclar la ricota, el aceite, la mantequilla semiderretida y los huevos.
Agregar la harina unida con el polvo para hornear y la sal.
Formar una masa, consistente pero que no se pegue a la mesa.
De ser necesario, agregar más harina.
Tapar con un plástico y dejar en reposo en un lugar fresco durante una hora.

Relleno: Colocar el aceite en una olla o sartén y cocinar la cebolla picada. Agregar la carne y revolver con cuchara de madera, mientras se cocina a fuego moderado.
Retirar y agregar los demás ingredientes: harina, pimentón, manzana pelada y cortada en cubos, jamón picado, huevos, aceitunas y condimentos al gusto. Pasar a un recipiente y guardar en la heladera hasta que esté bien frío.

Armado: Estirar la masa en forma rectangular. Utilizando un molde de hornear de 9 x 11 x 2". Estire la masa suficientemente para que cubra el fondo y los lados del molde. Engrase el molde y haga lo anteriormente explicado. Pinche la masa con un tenedor por varios lados, incluyendo los bordes para que no se aglobe y pueda salir el calor. Colocar el relleno sobre la masa. Una la masa restante y extiéndala rectangularmente para cubrir el molde. Una la masa del fondo con la de la tapa con el dedo o un tenedor. Hágale unos cortes a la cubierta con una tijera o un cuchillo, para que también se le salga el vapor. Bata un huevo y pinte la masa con él. Llevar al horno moderado entre 30 y 40 minutos, hasta que se note dorado. Si se le quiere dar brillo, pincelar con almíbar cuando salga del horno.

FILETE WELLINGTON

Ingredientes:

- 4 ó 5 lbs. de filete
- 3 hongos
- Vino blanco
- 1/2 lb. de hígado de pollo
- Coñac
- Cebolla, ajo, perejil
- Sal y pimienta al gusto

Masa:

- 1 taza de harina
- 1/4 lb. de mantequilla
- 1/2 taza de crema de leche
- 1 huevo
- Agua para humedecer la masa, sal y azúcar

Procedimiento:

Se cocina el filete a la plancha, condimentado con sal y pimienta.

Se fríen los hígados de pollo en mantequilla con la cebolla, ajo, perejil y un poco de vino blanco. Una vez cocinados los hígados, se agrega el coñac y la crema de batir.

Corte el filete a lo largo, abriéndolo en forma de mariposa.

Se rellena el filete con esta mezcla y se cierra. Se hace una masa. Se estira y se envuelve el filete relleno con esta masa.

Se hornea a 350°F por 20 minutos, o hasta que la masa esté dorada.

La masa de hojaldre puede ser comprada en los supermercados, y es mucho más fácil de hacer.

CHILE CON CARNE

Ingredientes:

- 4 oz. de tocino (*bacon*) en rebanadas
- 1 cebolla bien picada
- 1 cda. de ajo
- 1 cda. de aceite
- 2 lbs. de carne de res cortada en cubitos de 1/2 pulgada
- 20 ó 32 oz. de puré de tomate
- 1 taza de agua
- 1 lb. de carne de cerdo cortada en trozos iguales
- 1 cda. de orégano
- 1/4 de taza de comino
- 1 lata (12 oz.) de cerveza
- 1/2 cda. de pimienta roja
- 1 jalapeño sin semillas, bien picado
- Polvo de Chile
- 1/8 de taza de jugo de limón
- 1/2 cda. de sal
- Queso *Cheddar*, cebolla y crema agria para adornar

Procedimiento:

Cocine el tocino en una sartén hasta que esté crujiente.
Añada la cebolla y ajo.
Transfiera esta sazón a una cazuela grande con tapa.
En la misma sartén, sofría las carnes hasta que oscurezcan.
Transfiéralas a la misma cazuela con el tocino.
Añada todos los ingredientes menos el jugo de limón.
Hágalo hervir. Cocínelo a fuego lento sin tapar por 1-1/2 a 2 horas.
Añada el zumo de limón cuando vaya a servir.

ensaladas

ZANAHORIAS Y COCO

Ingredientes:

- 1 lb. de zanahorias
- 1/4 de taza de coco rallado
- Jugo de una naranja
- Uvas pasas al gusto
- Jugo de un limón

Procedimiento:

Se lava, se pela y se ralla la zanahoria. Se le agregan los jugos.
Se incorpora el coco y las pasas, si desea.
Se sirve bien fría

Sirve: 4 personas

ENSALADA DE PIÑA Y PISTACHO

Ingredientes:

- 1/4 de taza de leche
- 1 lata de piña triturada (20 oz.)
- 1 paquete de pudín de pistacho (3-1/2 oz.)
- 1/4 de taza de nueces molidas
- 2 tazas de *"Cool Whip"*

Procedimiento:

Diluya el sobre de pudín de pistacho en la leche. Una todos los ingredientes. Deje enfriar durante varias horas. Sirva como postre.

Da para 5 ó 6 personas.

ENSALADA DE HUEVOS

Ingredientes:

- 6 huevos duros cocidos
- 4 oz. de pedazos de pollo asado o hervido
- 2 cdas. de pepinillo encurtido picadito (*relish*)
- 1 cdta. de perejil picadito
- 6 cdts. de mayonesa

Procedimiento:

Se cortan los huevos a lo largo en mitades.
Cuidadosamente se extraen las yemas.
Se aplastan las yemas.
Se mezclan en un tazón todos los ingredientes hasta tener una mezcla uniforme.
Se rellenan las claras con esta mezcla, dividiéndola en 12 porciones. Se tapa con papel transparente, y se refrigera hasta el momento de servirlas.

ENSALADA DE GARBANZOS

Ingredientes:

- 14 oz. de garbanzos
- 2 tomates grandes
- 2 cebollas grandes
- 3 cdas. de aceite de oliva
- 2 cdas. de albahaca fresca
- Sal y pimienta al gusto

Procedimiento:

Corte el tomate en rebanadas y colóquelas en una fuente. También, ruedas de cebolla sobre los tomates. Corónelos con los garbanzos y aderece con el aceite de oliva, sal y pimienta.

Da para 2 ó 4 personas

ENSALADA ORIENTAL

Ingredientes:

- 3 tazas de lechuga en pedazos
- 1/2 taza de espinacas u hojas de *"bok choy"* en tiras
- 1/2 taza de germinado de frijol (frijolitos chinos)
- 1/4 de taza de rábano en rebanadas
- 1/4 de taza de nueces picadas
- Aderezo para ensalada *"Creamy Cucumber"*

Procedimiento:

Mezcle la lechuga, espinaca, germinado de frijol y rábano; revuelva ligeramente.
Espolvoree con nueces. Sirva con aderezo.

Da 4 porciones

ENSALADA DE POLLO EN PITA

Ingredientes:

- 1 taza de pollo cocido picado
- 1/2 taza de pimiento rojo en tiras
- 1 cdta. de cebollinos (*chives*) picado
- 1/4 cdta. de pimienta roja en polvo
- 2 tazas de lechuga desmenuzada
- 1 botella de 8 oz. de aderezo para ensalada
- 1/4 de taza de apio bien picado
- 1/2 cdta. de curry en polvo
- 3 panes redondos de pita

Procedimiento:

Combine todos los ingredientes, excepto la lechuga y los panes de pita. Mezcle ligeramente.
Enfríe por varias horas o toda la noche.
Corte los panes de pita por la mitad.
Rellene cada "bolsa" de pan de pita con la lechuga y la ensalada de pollo.

Da 6 porciones

CHAMPIÑONES GLASEADOS CON SCOTCH

Ingredientes:

- Unas ramitas de berro
- 6 oz. de queso de ajo
- 2 oz. de champiñones cortados (*Portobello* o Chitaqui)
- 1/2 cda. de ajo molido
- 1/2 taza de chalotes picaditos
- 1/2 cda. de enebro (*juniper berries*)
- 1 cdta. de jugo de limón fresco
- 2 oz. de caldo de pollo
- 1/2 cda. de jengibre en polvo
- 1/2 cdta. de pimienta negra
- 1 cda. de azúcar moreno
- 1/4 taza de pimientos rojos cortados en tiras
- 12 rebanadas finas de pan tostado

Procedimiento:

Bañe el berro con aceite y colóquelo en un plato. Esparza el queso sobre las rebanadas de pan, póngalas alrededor de las ramitas de berro y deje el plato por un momento.

Caliente el aceite a fuego alto en una cacerola de 12 pulgadas. Cuando el aceite comience a calentar, añada todos los champiñones y cocine por 2 ó 3 minutos, añadiendo el resto del aceite según sea necesario. Saltee hasta que los champiñones empiecen a soltar su jugo. Añada ajo, chalote, jengibre y enebro, moviendo rápidamente, y déjelos cocinar durante 2 minutos, ajustando el fuego según sea necesario.

Añada la mezcla del *Scotch* con azúcar. Añada el caldo y déjelo hervir. Cocine durante 3 minutos hasta que la mezcla glasee los champiñones. Añada sal, pimienta y jugo de limón al gusto. Vierta la salsa de champiñón sobre los berros y adorne con las tiras de pimiento rojo.

Porciones para 4 personas.

Nota: Los champiñones secos se pueden obtener en muchas tiendas de productos naturales (Health Food Stores) y también vienen bien con esta receta. Solamente déjelos en remojo durante varias horas antes de su preparación.

ENSALADA DE FRUTAS

Ingredientes:

- 8 oz. de queso crema, a temperatura ambiente
- 1/2 taza de mayonesa
- 1 lata de 17 oz. de cóctel de frutas. Reserve el jugo
- 1 taza de malvavisco (pastillas de altea, *marshmallow*) en miniatura

Procedimiento:

Bata el queso crema y la mayonesa en una mezcladora eléctrica, a velocidad mediana hasta que esté bien unida. Añada suficiente jugo del cóctel de frutas hasta que se haga una salsa.
Agregue el cóctel de frutas y las pastillas de altea.
Refrigérela hasta servir.

Da 4 tazas.

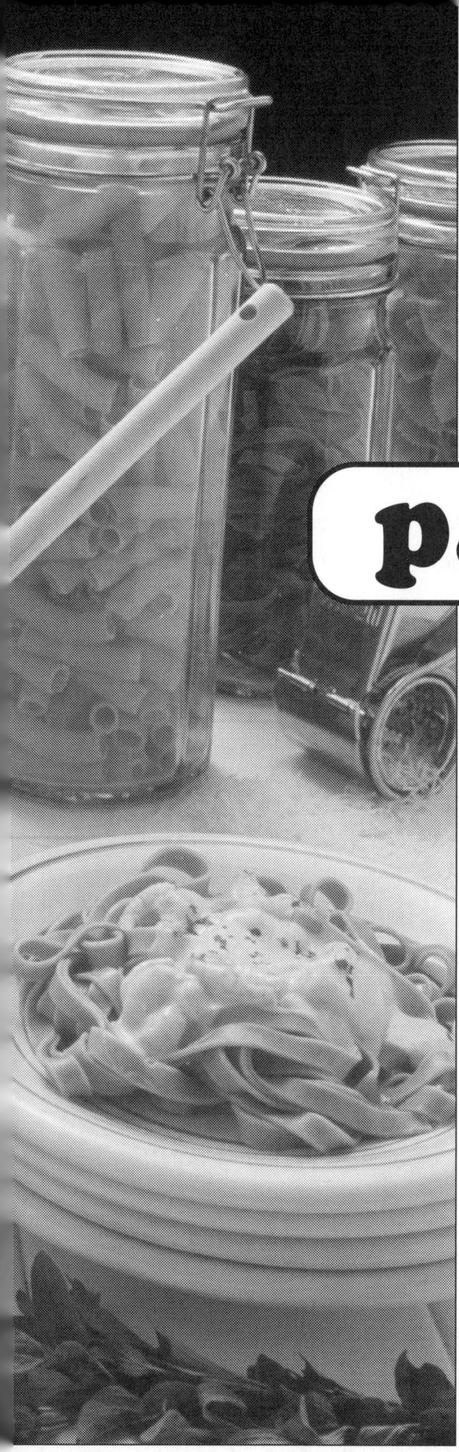

pastas

pastas
pastas
pastas
pastas
pastas
pastas
pastas
pastas
pastas
pastas
pastas
pastas
pastas
pastas

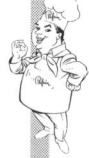

LASAÑA MEXICANA

Ingredientes:

- 2 lbs. de carne molida
- 1 cebolla mediana
- 1 lata (28 oz.) de tomates enteros
- 1 lata (8 oz.) de salsa de tomate
- 1 cdta. de orégano (triturado)
- 1 cdta. de polvo de chile
- 1/2 cdta. de pimienta roja (triturada)
- 1 lechuga picada
- 1 lata (15 oz.) frijoles colorados (*kidney beans*)
- Tortillas de maíz fritas
- 16 tiras de lasaña cocinada
- Tomatitos pequeños

Procedimiento:

Cocine la carne hasta que cambie de color. Escurra la grasa de la carne, añada la cebolla y cocínela hasta que cristalice. Agregue los tomates, la salsa de tomate, el orégano, el polvo de chile y la pimienta roja.
Cocine a fuego lento por 25 minutos sin tapar.
Añada los frijoles.
Usando dos moldes de 10 x 6 x 2", haga unas capas de pasta, 1/4 de salsa, la mitad del queso y repita las camadas, terminando con queso. Cúbralo con papel de aluminio y hornee por 15 minutos a 350°F.
Destápelo y hornee 10 minutos más.
Si la prepara con anterioridad, tápela y congélela hasta que la vaya a usar.
Hornearla por 1-1/4 horas. Destápela y cocínela por 10 minutos más.
Decore con lechuga, las tortillas y los tomatitos.

Da de 4 a 6 raciones.

LINGUINI PRIMAVERA

Ingredientes:

- 4 oz. de lingüini
- 1/4 de taza de aceite
- 1 zanahoria mediana
- 1/2 taza de cebolla larga o verde picada
- 1 diente de ajo
- 1 cdta. de albahaca seca
- 1/2 cdta. de sal
- 1/4 de cdta. de pimienta negra recién molida
- 1 taza de zanahorias
- 1 taza de bróculi
- 1-1/2 taza de champiñones frescos picados
- 6 oz. de alverjitas o habichuelas chinas congeladas (*pea pods*)
- 1/4 taza de vino seco.

Procedimiento:

Cocine los lingüini en agua hirviendo con sal (agregándole un chorrito de aceite), hasta que estén suaves. Escúrralos y manténgalos calientes. Si mantiene la pasta caliente por mucho tiempo, puede que se peguen.

Caliente el aceite en una sartén honda, añadiendo el bróculi, la zanahoria, la cebolla, ajo, albahaca, sal y pimienta. (Puede reemplazar los vegetales frescos por vegetales congelados).

Cocínelos por espacio de 6 a 7 minutos hasta que el bróculi esté suave.

Agregue los champiñones cocinándolos 2 minutos más.

Añada las habichuelas chinas y el vino.

Tápelo, cocinando a fuego mediano por 2 minutos más.

Añada los lingüini, revolviendo bien.

Sírvalos en un bol, salpicándolos con queso parmesano.

Acompáñelos de pan de ajo.

Da para 4 a 6 raciones

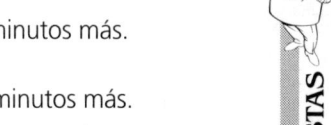

VEGETALES CON PASTA (Para 6 personas)

Ingredientes:

- 2 cdas. de aceite
- 1 pimiento rojo (en tiritas)
- 1 zucchini mediano (en pedacitos)
- 1 sobre de sopa de cebolla
- 3 tazas tirabuzones de pasta (cocinados)
- 1 pimiento verde (en tiritas)
- 1 calabacita amarilla (en pedacitos)
- 1/2 cdta. de albahaca (hojitas)
- 1/2 taza de agua
- 1 taza de queso *Cheddar* (rallado)
- Sal al gusto

Procedimiento:

En una sartén pequeña, sofría los pimientos, calabaza, zucchini y hojitas de albahaca en el aceite por 5 minutos aproximadamente, o hasta que los vegetales estén tiernos pero firmes.

Mezcle el sobre de sopa de cebolla con el agua, y caliente hasta que hierva (aproximadamente 10 minutos).

Se reduce el calor y se tapa. Se cocina por 3 minutos más. Una los tirabuzones cocinados y los vegetales con la sopa. Revuelva. Cúbralos con queso rallado. Se tapa y se deja a fuego bajo por 5 minutos más o hasta que el queso se derrita.

TORTELLINI CON ESPINACAS (Para 4 personas)

Ingredientes:

- 2 paquetes de 6 oz. de espinaca congelada
- 1 lb. de tortellini
- 2 tomates medianos, picados
- 6 oz. de queso parmesano rallado
- 1/4 de cdta. de nuez moscada, rallada
- 1/2 cda. de albahaca fresca o seca, picada
- 1 taza de crema de leche
- 1/2 taza de leche
- 3 cdas. de aceite
- Sal y pimienta al gusto

Procedimiento:

Precaliente el horno a 350°F y prepare un recipiente refractario de 10 x 7 x 2".

Cocine la espinaca según las instrucciones del paquete.

Caliente el aceite a fuego mediano por 2 minutos.

Agréguele la espinaca y sofríala por 4 minutos, añádale sal y pimienta, la nuez moscada, la crema de leche y revuélvalo bien por 2 minutos.

Retire del fuego. Prepare los tortellinis según las instrucciones del paquete. Escúrralos bien.

Mezcle la espinaca con la leche y vierta en el recipiente la mitad. Agregue los tortellinis y viértales los tomates, la albahaca y el resto de la espinaca.

Rocíe con el queso parmesano y póngalo al horno por 15 minutos.

CANELONES DE CUARESMA

Ingredientes:

- 15 canelones
- 3/4 de lb. de espinaca
- 1/2 lb. de mantequilla
- 1/2 lb. de queso parmesano
- 1 tza. de bechamel
- 1 tza. de crema de leche
- 3 huevos
- 1/4 de lb. de requesón (*Cottage Cheese*)
- Nuez moscada, sal y pimenta al gusto

Procedimiento:

Se hierven las espinacas, se fríen en mantequilla ligeramente y se trituran muy fino. Se colocan en una fuente y se mezclan con el requesón, más o menos la tercera parte del queso parmesano, la nuez moscada, la sal y la pimienta. Se añaden los huevos la final. Rellene los canelones con esta mezcla y colóquelos en una fuente de hornear. Se cubren con trocitos de mantequilla, la bechamel, la crema de leche y el parmesano restante. Se pone al horno a fuego moderado por unos 15 minutos.

Da para 4 personas.

TALLARINES AL HONG KONG

Ingredientes:

- 1-1/2 lb. de carne de cerdo, picada en cuadritos
- 1 cebolla picada
- 2 pimientos verdes, rojos o amarillos
- 2 cdas. de aceite
- 1/2 lb. de camarones
- 1 cda. de jerez
- Unas gotas de Tabasco (salsa picante)
- Pimienta negra, recién molida
- 4 oz. de tallarines
- Sal al gusto
- 1 cda. de aceite
- Cilantro molido al gusto
- 1/2 cdta. de curcuma molida (*turmeric*)
- 1/4 de cdta. de comino

Procedimiento:

Caliente suficiente agua con sal hasta que hierva.
Añada el aceite y los tallarines, revolviéndolos ocasionalmente.
Añada las especias. Vuelva a hervir y deje cocinar hasta que los tallarines estén suaves, pero firmes.
Caliente el aceite en una sartén y agregue los pimientos y la cebolla. Sofría durante unos minutos. En la misma sartén incorpore los cuadritos de cerdo, cocinando sin dejar de remover hasta que estén bien cocinados.
Añada los camarones, el jerez y el Tabasco, sal y pimienta al gusto, siempre revolviendo por unos minutos hasta que los camarones cambien de color.
Sirva sobre los tallarines escurridos. Puede añadirse queso parmesano por encima.

Da para 4 personas

PASTA PESCATORE (Para 4 personas)

Ingredientes:

Pasta:
- 1 lb. de pasta lingüini
- 1 cda. de aceite

Procedimiento:
Cuando el agua hierva, añada el aceite y los lingüini. Cocine a fuego alto por 7 minutos o hasta que el lingüini esté suave, pero firme.

Salsa y Mariscos

- 3 cdas. de aceite
- 2 dientes de ajo, machacados
- 8 Mejillones (*mussels*)
- 1/2 lb. de calamares
- 8 camarones grandes
- 8 Almejas (*clams*)
- 8 Vieiras (*Scallops*)
- 10 oz. de pescado (varios)
- Salmón, tuna, pez espada

Salsa roja de tomate

- 2 cdas. aceite de oliva
- 1 cda. de ajo majado
- 5 hojas de albahaca
- 12 oz. salsa de tomate
- 1 oz. de jugo de ostras (clams)
- 1 cda. de perejil picadito

Procedimiento:

En una sartén, vertir 3 cdas. de aceite. A fuego moderado, cocinar el ajo hasta que cambie de color, pero sin quemar. Añada los mariscos, comenzando por el calamar, los mejillones, las almejas, los camarones y las vieiras. Después, el pescado. Sazonar bien, añadir la salsa, tapar y hervir a fuego lento por 8 minutos. Verter los mariscos sobre la pasta.

¡Atención!: Tenga cuidado de no cocinar los mariscos demasiado, porque tienden a endurecer. Para que el calamar se suavice, cúbralo con leche y pimienta como por una hora en el refrigerador.

MACARRONES DEL LEÑADOR

Ingredientes:

- 1 lb. de macarrones
- 1/2 lb. de mantequilla
- 1/2 lb. de carne de cerdo
- 3/4 de lb. de champiñones
- 1 tomate maduro
- 1 zanahoria
- 1 cebolla grande
- Sal y pimienta al gusto

Procedimiento:

Se cuecen los macarrones de 8 a 10 minutos en agua hirviendo con sal, se escurren y se colocan en una fuente a la que se untó mantequilla. En una cacerola pequeña se sofríe en mantequilla un poco la cebolla y luego la carne de cerdo, cortada en trozos, y los campiñones, cortados en trozos también. Se agrega el tomate en trozos, la zanahoria en rodajas y se sazona con sal y pimienta. Se vierte esta salsa sobre los macarrones y se mezcla en el conjunto.

Da para 4 personas.

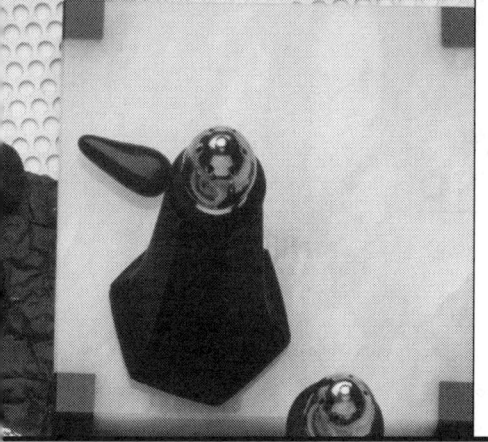

pescados y mariscos

mariscos
pescados
mariscos
pescados
pescados
mariscos
pescados
mariscos
pescados
mariscos
pescados
mariscos
pescados
mariscos
pescados

PESCADOS

PESCADO CON SALSA DE VINO

Ingredientes:

- 1-1/2 lbs. de filete de pescado fresco o congelado
- 1/4 de taza de cebolla picada
- 1 diente de ajo finamente picado
- 2 cdas. de aceite
- 1 tomate pequeño picado (1/2 taza)
- 1/3 taza vino blanco seco
- 1 cda. de perejil
- 1/2 cdta. de sal
- Pizca de pimienta
- 1/3 taza de leche
- 2 cdtas. de maicena

Procedimiento:

Descongele el pescado si está congelado.

Sofría en una sartén las cebollas y el ajo en el aceite, hasta que estén suaves. Añada el pescado, tomates, vino, perejil, sal y pimienta.

Cocine a fuego mediano hasta que el pescado se pueda partir con el tenedor suavemente. Remueva el pescado de la sartén. Diluya la maicena en la leche. Revuelva bien y cocine hasta que hierva.

Sírvala sobre el pescado.

Sugerencia:
El pescado nunca se debe cocinar demasiado.

Sirve: 4 personas.

ESTOFADO DE CAMARONES

Ingredientes

- 1/2 taza de mantequilla
- 1 pimiento verde cortado
- 2 tazas de salsa de tomate
- 1 cdta. de pimienta
- 1 cebolla cortada
- 2 lbs. de camarones
- 1 cdta. de sal
- 1 cdta. de paprika
- 1/2 de cdta. de orégano

Procedimiento:

Sofreír el pimiento y la cebolla en la mantequilla.
Agregar la salsa de tomate y los demás condimentos.
Dejar cocinar por 30 minutos a fuego lento.
Añadir los camarones y cocinar por unos 5 minutos más.
Servir con arroz blanco y con algún tipo de pasta.

PESCADO A LA JARDINERA

Ingredientes:

- 4 ruedas de pargo (guachinango)
- 8 oz. de salsa de tomate
- 1/2 taza de harina
- 1/3 taza de aceite
- 3/4 taza de habichuelas frescas picaditas, (ejotes)
- 1/2 taza de ajos puerros (rebanados)
- 4 rebanadas de pan francés (fritas en aceite)
- 3/4 taza de zanahorias crudas (en dados)
- 8 oz. de guisantes (*petit-pois*, o chícharos)
- Sal al gusto

Procedimiento:

Precaliente el horno a 350°F. Se secan bien las ruedas de pescado con papel toalla. Se espolvorean con sal al gusto.
Se pasan por harina por ambos lados.
Caliente en una sartén el aceite. Fría las ruedas de pescado y déjalas dorar por ambos lados.
Se escurren bien y se reservan.
En un molde de hornear, se vierte la mitad de la salsa de tomate.
Se colocan las ruedas de pescado y los vegetales mezclados.
Se vierte el resto de la salsa.
Se cubre con papel de aluminio, se coloca a la mitad de la altura del horno.
Se hornea por 35 minutos.
Se sirven sobre las ruedas de pan fritas.

ALMEJAS AL AJILLO

Ingredientes:

- 1 lb. de almejas
- 3 ó 4 dientes de ajo machacados
- 1 oz. de vino blanco
- 1 cebolla picada
- Aceite de oliva

Procedimiento:

Caliente el aceite en una sartén. Sofría el ajo con la cebolla. Cuando ya esté cristalizada la cebolla, agregar las almejas y el vino. Tape la sartén. Cuando las almejas abran, ya está listo. Servir de inmediato.

CAMARONES Y VEGETALES SALTEADOS

Ingredientes:

- 1/4 de taza de margarina
- 1/2 cdta. de sal
- 1/2 cdta. de pimienta
- 2 tazas de champiñones, picados a la mitad
- 1 taza de pimientos verdes, picados en trozos
- 1/2 taza de cebolla cortada
- 1 lb. de camarones limpios y cortados
- 1 cda. de vino blanco seco (opcional)

Procedimiento:

Caliente la margarina en una sartén. Cocine la cebolla y los pimientos hasta que estén suaves. Añada los champiñones. Una vez que éstos cambien de color, agregue los camarones. Y vino, si desea. Salpimiente al gusto.

PESCADO ENROLLADO

Ingredientes:

- 4 filetes de pescado
- 3/4 lb. de espárragos congelados (8 oz.)
- 3 cdas. de aceite
- 2 tomates pelados y cortados
- 1/2 taza de champiñones (*mushrooms*)
- 1/4 de taza de cebolla
- 1/4 de taza de apio finamente picado
- 1/4 de taza de vino seco blanco
- 1 diente de ajo picado
- 1/2 cdta. de menta seca
- 1/2 cdta. de albahaca seca
- 1/4 de cdta. de sal

Procedimiento:

Descongele el pescado si está congelado. Si usa espárragos frescos, tómelos por las puntas y flexione hacia abajo hasta que partan. Deseche la parte de abajo. Cocínelos en agua salada, dejándolos hervir de 8 a 10 minutos hasta que estén tiernos. Engrase ligeramente los filetes con aceite y sálelos al gusto. Ponga unos espárragos en el centro del filete, y enróllelo asegurándolo con un palillo.

En una sartén grande coloque los filetes con el empate o unión hacia abajo. Añada los tomates, los champiñones, el apio, la cebolla, el vino, el ajo, la menta, la albahaca y 1/4 cdta. de sal. Tápelos bien y cocínelos de 7 a 8 minutos hasta que los filetes se separen suavemente con un tenedor.

Saque los filetes de la sartén y déjelos descansar en un plato caliente, manteniendo el calor. Hierva la salsa sin tapar por unos 3 minutos o hasta que se espese. Se puede acompañar con una ensalada, pan, o puré de papas.

Consejo: Cuando usamos filetes de pescado y queremos asegurarnos que no quedaron espinas, páseles un paño. Si hubiese alguna, quedaría en el paño.

PESCADO EN SALSA VERDE

Ingredientes:

- 1-1/2 lb. de filete o ruedas de pescado
- 1 diente de ajo
- 1 cebolla pequeña
- 1 cdta. de sal
- 1/2 taza de vino seco
- 1 taza de aceite
- 1 taza de perejil
- 2 cdas. de vinagre

Procedimiento:

En una licuadora o procesadora, muela todos los ingredientes, excepto los filetes de pescado. Coloque los filetes o ruedas de pescado en una sartén y cúbralos con la salsa.
Cuando la salsa empiece a hervir, tape la sartén y déjela cocinar a fuego lento unos 15 minutos.
Acompáñelo con papas o arroz blanco.

PESCADO PROVENZAL

Ingredientes:

- 1-1/2 lb. de filete de pescado
- 1/2 taza de aceite de oliva
- 2 dientes de ajo
- Orégano
- 1/4 de taza de apio
- 1 cebolla grande
- 4 tomates
- 1/2 taza de puré de tomate
- 1/2 taza de vino

Procedimiento:

Sofreír el pescado. Una vez que lo vuelva, añada el vino. Retírelo de la sartén.
En la misma sartén, sofreír el ajo machacado, la cebolla finamente picada, y el tomate partido en cuadritos.
Agregar el puré de tomate y el apio picado. Condimentar con orégano y salpimiente al gusto. Servir esta salsa sobre el filete de pescado.

LANGOSTINOS WILLIE

Ingredientes:

- 4 lbs. de langostinos
- 1 cda. de harina
- 1 diente de ajo
- 2 cdas. de mantequilla
- 1 cda. de cebollino
- 1 cda. de jugo de limón
- Sazone con romero, paprika, curry, tomillo,
- Vino blanco
- 1 cebolla
- 2 tazas de crema de batir
- 2 cdas. de perejil
- 1 cda. de salsa inglesa
- 1 cda. de coñac
- Sal y pimienta al gusto

Procedimiento:

Limpie y lave los langostinos, sazónelos con sal, pimienta blanca, limón y salsa inglesa.

En una sartén grande, previamente untada con mantequilla, se fríen suavemente los langostinos hasta que cambien de color. Saque los langostinos.

En la misma sartén, sofreír la cebolla y después esparza la harina, agregar el vino blanco, el romero y reducir el líquido.

Añada la crema de batir, revolviendo hasta su punto.

Agregue el perejil picado, coñac, sal y pimienta al gusto, y sirva la salsa sobre los langostinos.

FILETE DE PESCADO CON SALSA DE JEREZ

Ingredientes:

- 1-1/2 lbs. de filetes de pescado blanco
- 1/4 lb. de champiñones cortados en rebanadas finas
- 1/4 de taza de aceite
- 1 cdta. de maicena
- 1/4 de taza de agua
- 1/4 de taza de jerez
- 1 cdta. de salsa de soya (salsa china)
- 2 dientes de ajo finamente picados
- 2 cdtas. de ralladura de jengibre
- 1/4 de taza de cebollino (cebolla verde) picado

Procedimiento:

Sofría los champiñones en 2 cdas. de aceite hasta que se oscurezcan.
Separe el champiñón en una taza. Añada el resto del aceite y caliéntelo a fuego mediano alto. Fría el pescado y cocínelo alrededor de 8 minutos hasta que el pescado se ponga blanco en el centro. Con una espátula ancha, remueva el pescado de la sartén y manténgalo caliente.
Una en la misma sartén la maicena —diluida en el agua—, el jerez, la salsa de soya, el ajo y el jengibre. Añada los champiñones y muévalos hasta que se haga una salsa moviéndolos continuamente. Suba el fuego hasta que hierva.
Añada los cebollinos y sírvalos sobre el pescado.

Da 4 ó 5 raciones

CAMARONES CANCUN

Ingredientes:

- 1-1/2 lb. de camarones medianos
- 2 dientes de ajo picados
- 3 tomates pelados y picados
- 4 cdas. de mantequilla
- 1/4 de taza de perejil picado fino
- 2 cdas. de pasta de tomate
- 1/3 de taza de brandy
- Sal y pimienta al gusto

Procedimiento:

Pelar y destripar los camarones. Colocar las cáscaras de los camarones en una olla con 2 tazas de agua. Llevarla a ebullición, reducir el calor y cocinar a fuego bajo por 20 minutos. Colar y eliminar las cáscaras. Debe hacer una taza de líquido.

En una olla, calentar la mantequilla y agregar el ajo y el perejil. Saltear 2 minutos. Añadir los tomates y cocinar a fuego bajo por 10 minutos. Añadir el caldo de los camarones y la pasta de tomate. Mezclar bien y añadir sazón y *brandy*. Agregar los camarones y cocinar tapados, de 2 a 3 minutos hasta que estén rosados, y cuidando de no sobrecocer. Servir con arroz.

Da 4 ó 6 porciones.

CAMARONES AL JEREZ

Ingredientes:

- 3 docenas camarones (limpios y desvenados)
- Tomillo, laurel, sal y pimienta en grano al gusto
- 1/2 taza de aceite
- 1 cdta. de pimentón en polvo
- 2-1/2 tazas de crema de leche espesa
- 1/2 taza de jerez
- 1 ramito de perejil (finamente picado)

Procedimiento:

Si los camarones no están pelados, cocínelos con el tomillo, el laurel, la sal y la pimienta hasta que se pongan rojos.
Si están pelados, haga hervir un poco el agua con los condimentos y sumerja los camarones hasta que se enrojezcan.
No los cocine demasiado para que no se endurezcan.
Caliente el aceite en una sartén y fría los camarones con el perejil, el pimentón y el jerez por unos minutos.
Añada la crema y cocínelos por unos minutos más a fuego lento, y sírvalos de inmediato adornados con perejil picadito.
Lo puede acompañar con arroz blanco o puré de papas.

Da para 4 ó 6 personas

TRUCHA RELLENA DE LANGOSTINOS

Ingredientes:

- 4 truchas
- 4 oz. de langostinos limpios y pelados, picados en pedacitos
- 2 oz. de cebollino o cebolla verde
- 1/2 taza de crema de batir
- 3 oz. de champiñones
- Perejil
- 2 dientes de ajo
- Aceite de oliva

Procedimiento:

Partir la trucha por la mitad. Sofreír aparte los langostinos, la cebolla finamente picada y los hongos en rebanadas. Agregue perejil y ajos machacados. Cuando ya esta mezcla está, añada la crema de batir.

Rellene la trucha con esta mezcla y hornee hasta que la trucha se cocine, por unos 30 minutos a 350°F.

FAJITAS DE TRUCHA ARCO IRIS

Ingredientes:

- 4 filetes de trucha (de 4 oz. cada uno)
- 1/3 de taza de jugo de limón fresco
- 2 cdas. de aceite
- 1 cda. de cilantro picado
- 1 diente de ajo molido
- 1/2 cdta. de comino molido
- 1 cebolla cortada en forma de cruz (en 4 tajadas)
- 1 pimiento verde cortado en 8 tiras
- 1 pimiento rojo cortado en 8 tiras
- 8 tortillas de harina calentadas
- Salsa de tomate fresca, guacamole, crema agria,
- Tajadas de limón

Procedimiento:

Combine el jugo de limón, el cilantro, el ajo y el comino. Sazone las truchas con este aliño. Refrigere por 30 minutos.
Mientras tanto, ensarte en una varilla para asar las tajadas de cebolla, manteniéndolas intactas, y los pimientos también. Utilizando una brochita, cúbralos con aceite.
Ase los vegetales sobre carbón caliente, cocine en la parrilla por unos 2 minutos. Coloque las truchas sobre el carbón. Voltee la trucha con cuidado y cocine unos 2 minutos más, hasta que esté cocida. Corte la trucha en piezas. Inmediatamente sirva la trucha, los pimientos y las cebollas, envueltas en las tortillas, con la salsa, el guacamole, la crema agria y un poco de jugo de limón.

Da 4 porciones de 4 oz. cada una.

GUACHINANGO (PARGO) A LA VERACRUZANA

Ingredientes:

- 3-1/2 lbs. de guachinango (pargo)
- Aceite
- 2 tomates medianos (pelados y sin semilla)
- 3 dientes de ajo
- Alcaparras
- Perejil
- Tomillo
- 1/2 taza de vino blanco
- 1 cebolla grande
- Aceitunas
- Chiles poblanos al gusto
- Hojas de laurel
- 1/2 taza de pimientos morrones
- Sal y pimienta al gusto.

Procedimiento:

Limpiar y escamar el guachinango.
Hervir agua con sal en una cazuela lo suficientemente grande para que el guachinango no se doble.
Cocinar 2 o 3 minutos (lo menos posible hasta que cambie de color), quitando el frío del pescado y que se cocine un poco.
En una sartén grande, calentar suficiente aceite para sofreír la cebolla, el pimiento verde, los ajos y los chiles poblanos, hasta que éstos estén suaves.
Añadir las especias: perejil, hojas de laurel, tomillo, aceitunas, alcaparra. Por último, el pimiento morrón y el vino.
Terminar de cocinar el guachinango en esta salsa por los dos lados.

Sugerencia: Si no dispone de un pescado entero, puede hacerlo con filetes. Sofríalo en aceite, y use los mismos ingredientes.

Da para 4 ó 6 personas.

FILETE DE PESCADO ENROLLADO

Ingredientes:

- 4 filetes de pescado (no muy gruesos)
- 1/2 lb. de camarones pequeños
- 3 pimientos morrones
- Jugo de limón
- 4 rebanadas de queso americano o suizo
- Sal y pimienta

Salsa:

- 1 paquete de berro
- 1 taza de caldo de pescado
- 2 oz. de aceitunas verdes
- 8 oz. de crema de leche
- 1 huevo
- 1 cdta. de maicena
- Ajo en polvo, sal y pimienta

Procedimiento:

Limpiar los filetes, lavarlos, secarlos y colocarlos en un plato, rociándolos con jugo de limón. Refrigerar durante una hora. Luego escurrir bien, secarlos con papel absorbente y condimentar. Extender los filetes. Colocar en cada uno una lasca de queso, un pedazo de morrón (hervido o asado y pelado) y los camarones. Enrollar, sujetando con un palillo y colocarlo en una fuente de horno rectangular, chica, previamente engrasada.

¡Atención!: Usar palillos de madera solamente.

Salsa:

Licuar los berros limpios, el caldo de pescado, la crema, el huevo, la maicena y los condimentos. Verter sobre los rollitos de pescado. Hornear a 350°F durante unos 30 minutos, hasta que se noten cocinados. Decorar con aceitunas picadas.

LA TENTACION DE JANSON

Ingredientes:

- 7 papas medianas peladas y cortadas en tiritas
- 2 cdas. de mantequilla
- 2-1/2 cdas. de aceite
- 2 ó 3 cebollas grandes, cortadas en rebanadas bien finas
- 16 filetes de anchoa (escurridos)
- Pimienta blanca
- 3/4 crema de leche
- 1/3 de taza. de leche

Procedimiento:

Engrasar un molde rectangular para horno con la mantequilla.

Poner una capa de papas, sazonar las papas con la pimienta blanca. Cubrir las papas con una camada de cebolla.

Poner las anchoas por encima de la cebolla. Repetir el proceso terminando con una capa de papas.

Salpicar la última camada de papas con las 2-1/2 cucharadas de aceite. Unir la crema y la leche, agregándola por encima del molde. También puede salpicar el plato con queso parmesano antes de poner al horno.

Hornear a 350ºF por 45 minutos, hasta que las papas estén suaves.

Da para 6 porciones

BACALAO A LA VIZCAINA

Ingredientes:

- 1 lb. de bacalao sin espinas
- 1 cebolla grande
- 3 dientes de ajo
- 1/3 taza de agua
- 1 cdta. vinagre
- 1 lb. de papas
- 1 pimiento verde
- 1/3 de taza de aceite
- 1/3 de taza de vino seco
- 1 lata de salsa de tomate
- 1 latica de pimientos morrones

Procedimiento:

Remoje el bacalao desde la noche anterior. Al día siguiente cámbiele el agua varias veces según lo salado del bacalao; y desmenúcelo en pedazos grandes.

Caliente en una sartén el aceite. Con unos pedacitos de ajo, fría el bacalao hasta que suavice.

En una cacerola plana, de las de hacer el arroz, ponga en el fondo las papas cortadas en ruedas, cúbralas con el bacalao, la cebolla en ruedas, el pimiento verde en tiras, el agua, el vino, el aceite, la salsa de tomate, y los pimientos morrones con su líquido.

Déjelo a fuego mediano hasta que las papas estén cocidas.

Fría unas rebanadas de pan en aceite bien caliente. Pase el pan por perejil picadito y sirva el bacalao en el pan.

Da de 4 a 6 porciones.

ENCHILADO DE ATUN

Ingredientes:

- 1 lata de atún (tuna)
- 1 pimiento verde
- 1 lata de chícharos (*petit pois*)
- 1 cda. de margarina
- 12 oz. jugo de tomate
- 1 cebolla
- 2 pimientos morrones

Procedimiento:

Sofreír la cebolla y el pimiento verde con la margarina hasta que ambos estén suaves. Añadir el atún, cubrirlo con jugo de tomate y cocinar a fuego moderado, hasta que el atún se caliente. Por último, añadir los pimientos morrones y los chícharos (*petit pois*).

PULPO POSADA CUATEPEC

Ingredientes:

- 1 lb. de pulpo
- Perejil
- 1/2 cebolla
- 3 dientes de ajo
- 1/4 de taza de pimiento
- 1/2 taza de vino blanco
- 1/2 taza de aceite para freír
- Zumo de medio limón

Procedimiento:

Se hierve el pulpo en agua sin sal para que no se endurezca.
Se sofríe el pulpo en 1/2 taza de aceite.
Se añaden los ingredientes y se cocina todo a fuego lento hasta que el pulpo esté cocinado. Lo puede servir con arroz o papas.

FRITURAS DE CANGREJO

Ingredientes:

- 1 lata de 7 oz. de carne de cangrejo
- 1 huevo
- 1/3 de taza de leche
- 1/8 de cdta. pimienta cayena
- 6 cdas. de mantequilla
- 1/8 de cdta. de pimienta blanca.
- 1 taza de galletas saltines molidas
- 1/2 cdta. de mostaza en polvo
- 1 cda. de perejil

Procedimiento:

Bata el huevo, añada todos los ingredientes y únalos bien. Déjelo enfriar por 30 minutos. Utilizando una cuchara como medida, fría las frituras en la mantequilla hasta que se doren y estén completamente calientes por dentro. Sírvalas con salsa de mostaza.

SALSA DE MOSTAZA

- 2/3 de taza de vermouth seco
- 3 cdas. de vinagre de vino tinto
- 2 chalotes (cebollas pequeñas)
- 1-1/2 tazas de jugo de almejas
- 1 taza de mostaza
- 3 granos de pimienta
- 2 tazas de crema de leche
- Sal y pimienta blanca al gusto

Procedimiento:

En una cazuela una el vermouth, el vinagre, los chalotes finamente picados y los granos de pimienta.
Hágalo hervir hasta que se evapore casi todo el líquido.
Añádale el jugo de almejas hirviéndolo hasta que se reduzca a un tercio. Remueva la cazuela del calor y añada la mostaza y la crema. Cuele la salsa en un colador fino y manténgala caliente para servir sobre las frituras de cangrejo.

Da de 6 a 8 raciones.

CAMARONES A LA XANATH

Ingredientes:

- 50 camarones medianos, pelados y limpios
- 3 cdas. de ajo machacado
- 2 cebollas finamente picadas
- 4 cdas. de pimienta negra molida
- 1 cda. de sal o sal al gusto
- 1 taza de mantequilla
- 3/4 de taza de aceite de oliva
- 2 a 4 cdas. de extracto de vainilla
- Pimienta negra molida al gusto.
- 1-1/2 tazas de vino blanco seco
- 3 tazas de caldo de pollo reducido a 1-1/2 tazas

Procedimiento:

Coloque los camarones en una vasija grande de cristal. Añada ajo, cebolla, la mitad de la vainilla, pimienta, sal y marine todo en el refrigerador durante 2 horas.

Caliente la mantequilla y el aceite en una cacerola para paella o en una sartén grande. Saltee los camarones, volteándolos.

Sazone con lo que queda del extracto de vainilla, la sal y la pimienta al gusto. Quite los camarones de la cacerola. Agregue el vino y caldo de pollo, y cocínelos hasta que la salsa se reduzca un poco más.

Cuando la salsa esté lista, coloque de nuevo los camarones en la cacerola.

Los camarones con vainilla son excelentes con arroz. Para obtener un cambio de sabor, añada chiles jalapeños sin semillas, cortados en tiritas, en lugar de la vainilla.

Da 8 raciones.

FILETE DE PESCADO EN SALSA CRUDA

Ingredientes:

- 4 filetes de pargo (o pescado blanco firme)
- 1 chile jalapeño finamente picado
- 1/2 taza de harina blanca
- 1 limón
- Sal y pimienta al gusto

Procedimiento:

Sazonar el pescado con sal, pimienta, chile jalapeño y el jugo de limón.
Manténgalo en el refrigerador por lo menos una hora.

Ingredientes de la salsa:

- 4 tomates (pelados y sin semillas)
- 1 cebolla mediana
- 2 chiles picantes
- 1/2 cdta. de sal
- 1/4 de taza de cilantro
- 1/4 de taza aceite
- 1/4 de taza de vino blanco
- Jugo de limón

Preparación: Pique finamente los tomates, el cilantro y la cebolla. Unir todos los ingredientes y guardar en el refrigerador hasta que la vaya a utilizar. Pasar los filetes por la harina.
Derretir en una sartén 3 cucharadas. de margarina. Freír por los dos lados.
Servirlos en una fuente con la salsa encima.

PESCADO EN ESCABECHE

Ingredientes:

- 3 lbs. de serrucho o pescado de carne firme
- 1 taza de aceite de oliva
- 2 pimientos verdes
- 1/4 de taza de alcaparrado
- 1/2 cdta. de pimienta en grano
- 1 taza de harina
- 2 cebollas
- 1 taza de aceitunas aliñadas
- 1 cdta. de sal
- 1/2 cdta. de pimentón
- Hojas de laurel
- Aceite de oliva y vinagre a partes iguales para cubrirlo.

Procedimiento:

Corte el serrucho en ruedas.
Envuelva las ruedas en harina y fríalas en aceite caliente.
Después sofría en el mismo aceite las cebollas cortadas en ruedas y los pimientos verdes cortados en tiras.
Ponga el pescado frito, las cebollas, los pimientos verdes, aceitunas, alcaparrado, sal, pimienta y pimentón en un recipiente de cristal o barro que tenga tapa.
Cúbralo todo con partes iguales de aceite y vinagre.
Déjelo en salmuera durante 7 días por lo menos. Manténgalo a temperatura fresca.

Da de 10 a 12 raciones

FILETE DE PESCADO CON SALSA AGRIDULCE

Ingredientes:

- 2 lbs. de pescado (filete con piel)
- 4 tazas de aceite, o lo suficiente para freír
- 4 cdas. de maicena
- 1 lb. de vegetales mixtos
  (pueden ser vegetales chinos congelados)
- 1/4 de taza de salsa de tomate
- 1/4 de taza de salsa china
- 2 cdas. de azúcar
- 1/2 cda. de sal
- 4 a 5 chiles rojos sin semillas y en tiras
- 1/2 taza de agua (opcional)

Procedimiento:

Enjuagar bien el pescado con agua. Si el pescado tiene piel, haga unos cortes diagonales cada 3/4 de pulgada con el cuchillo (para que el pescado no se doble al freír).
Rebose el pescado con dos cucharadas de maicena.
Caliente bien el aceite y sumerja el pescado hasta que esté cocinado y crujiente.
Ponga el pescado en un plato lo suficientemente grande para que descanse sin que se doble.
En una sartén, caliente 2 cucharadas de aceite y sofría los dientes de ajo hasta que cambien de color.
Añada los vegetales, la salsa de tomate, el vinagre, la salsa china, azúcar, el agua, la sal y los chiles rojos.
Mezcle las dos cucharadas restantes de maicena con el agua, hasta que se haga una pasta clara. Añada esta pasta a la cazuela y cocínelo por 5 minutos más o hasta que los vegetales estén hechos.

CAMA DE LANGOSTA

Ingredientes:

- 2 tazas de langosta cocida
- 1 yema de huevo
- 2 cdtas. de mostaza
- 1 cdta. de vinagre blanco
- Sal y pimienta al gusto
- 1 taza de aceite de oliva (o vegetal)
- 1 cda. de estragón o perejil
- 1 cda. de pasta de tomate
- Salsa picante al gusto
- 2 cdas. de coñac
- 3/4 tazas de tomate sin piel ni semilla
- Limón al gusto

Procedimiento:

Con un batidor manual se mezcla la yema de huevo, la mostaza, el vinagre, la sal y la pimienta al gusto.

Para que no se mueva, coloque el bol sobre un paño mojado. Se le añade el aceite de oliva lentamente, hasta que todo quede bien unido.

Se agrega el estragón, la salsa picante, pasta de tomate y el coñac, el tomate fresco, limón al gusto y por último la langosta.

Si lo piensa guardar por unos días, agréguele más líquido (leche, crema o agua).

Coloque la langosta sobre unas hojas de lechuga, y sirva la salsa sobre la langosta.

ANILLO DE PESCADO (Para 4 personas)

Ingredientes:

- 1/2 lb. de pastas tipo coditos
- 4 huevos batidos
- 1/4 de cdta. de pimentón dulce
- 3 cdas. de aceite para freír
- 1 taza de leche
- 1 oz. de mantequilla derretida

Salsa de pescado:

- 1 lb. de pargo cortado en trocitos
- 2 cdas. de aceite de maíz
- 1 cebolla grande picada
- 1-1/2 tomates pelados y cortados
- 2 cdtas. de salsa de tomate
- 2 cdtas. de albahaca u orégano
- 1/2 cdta. de azúcar
- Pimienta negra al gusto

Procedimiento:

Precaliente el horno a 325°F. Caliente suficiente agua con sal hasta que hierva. Añada el aceite y la pasta. Cocínela hasta que esté suave y firme. Con una cucharadita y media de aceite, engrase un molde en forma de anillo o corona. Mientras tanto, bata la leche y los huevos en un recipiente. Añada el pimentón y una pizca de sal. También una cucharada y media de aceite. Únalo todo bien y viértala en el molde. Escurra la pasta y colóquela en el molde también. Presiónela suavemente. Coloque el molde en forma de corona en una placa de horno medio llena de agua hirviendo. Hornéelo por 40 minutos hasta que cuaje.

Procedimiento de la salsa:

Caliente el aceite en una cazuela, añada la cebolla y cocínela hasta que luzca transparente. Añada los tomates y el puré, y cocine a fuego mediano hasta que espese.
Añada la albahaca y el azúcar, y sasone con sal y pimienta al gusto. Añada con cuidado los trozos de pescado a la salsa, y cocine por unos 5 minutos más, o hasta que el pescado se deshaga al tocarlo con un tenedor. Pase una espátula o cuchillo por el borde del molde, y tape el molde con un plato lo suficientemente grande para voltear. Despegue la pasta del molde y rellene el anillo con la salsa de pescado.

PESCADO CON SALSA CURRY (Para 4 personas)

Ingredientes:

- 1-1/2 lbs. de filetes de pescado
- Sal y pimienta molida
- 1 cebolla picada
- 2 cdtas. de curry en polvo
- 1/4 de taza de leche
- 2 cdas. de mantequilla o margarina
- 2 cdas. de harina
- 4 huevos duros, cortados en cuartos

Procedimiento:

Precalentar el horno a 350°F.
Ponga el pescado en una fuente refractaria y vierta encima la mitad de la leche.
Sazone con sal y pimienta y hornee durante 15 minutos hasta que esté tierno.
Baje la temperatura del horno al mínimo.
Pase los filetes con cuidado a una fuente de servir, previamente calentada, y manténgalos calientes en el horno.
Cuele el líquido de la cocción y resérvelo.
Derrita la mantequilla en una sartén, añada la cebolla y cocine a fuego mediano hasta que la cebolla se cristalice.
Espolvoree la harina y el curry en polvo, y revuelva a fuego bajo, de 1 a 2 minutos. Retire del fuego e incorpore gradualmente el líquido de cocción que había reservado junto con el resto de la leche.
Sazone con sal y pimienta negra. Póngalo al fuego de nuevo, y déjelo hervir lentamente, revolviendo hasta que la salsa esté espesa.
Para servirlo: Vierta un poco de salsa curry sobre el pescado, decore con los huevos, y presente el resto de la salsa por separado.

BOMBAS DE CAMARONES Y PAPAS

Ingredientes:

- 2 lbs. de papas
- 8 cdas. de margarina
- 2 yemas de huevo
- 2 cdas. de perejil finamente picado
- 1/4 de lb. de queso blanco rallado
- Aceite para freír
- 2 lbs. de camarones pequeños
- 1 cebolla mediana picadita
- 2 dientes de ajo molidos
- 1 taza de harina
- 1-1/2 tazas de galleta molida
- 2 huevos batidos
- Limón para decorar
- Sal y pimienta al gusto

Procedimiento:

Cocinar y majar las papas. Añadir 4 cucharadas de margarina, 2 yemas de huevo, queso rallado, perejil, sal y pimienta.
En una cacerola, mezclar la cebolla y el ajo hasta que se suavice. Añadir los camarones y sazonarlos al gusto.
Hacer bolas con el puré de papa. Haga una abertura en el centro de cada bola y rellénelas con la mezcla de los camarones (1 cucharada).
Cerrar la abertura y pasar cada bolita por harina, luego en los huevos batidos y la galleta molida.
Freírlas en aceite y servirlas con tajadas de limón.

CORVINA A LA LIMEÑA

Ingredientes:

- 1 lb. de filete de corvina o cualquier otro pescado
- 2 alcachofas
- 1 taza de salsa bechamel
- 2 espárragos
- 1/4 taza queso parmesano
- Vino blanco

Procedimiento:

Se sazona el pescado con sal, pimienta y limón.
Se coloca en un molde de hornear.
Cubra el pescado con la salsa bechamel, las alcachofas de lata y los 2 espárragos.
Espolvoree el queso parmesano y rocíe con el vino blanco.
Hornee a 350°F por unos minutos o hasta que esté totalmente cocinado el pescado.

PESCADO YUCATECO

Ingredientes:

- 4 ó 5 lbs. de pargo (guachinango) con cabeza y cola
- 3 cdas. de aceite de oliva
- 1/2 taza de cebollas cortadas en cuadritos
- 2/3 de taza de aceitunas rellenas con pimiento, cortadas a lo largo
- 1/2 taza de pimiento rojo o pimientos morrones
- 2 cdas. de cilantro
- 1 cdta. de achiote molido
- 1/2 taza de jugo de naranja
- 1/4 de taza de jugo de limón
- 1/2 cdta. de sal
- Pimienta molida
- 1 cda. de mantequilla
- 2 huevos bien picados
- 2 tazas de lechuga cortada
- 3 ó 4 rabanitos cortados

Procedimiento:

Precaliente el horno a 350°F. Utilizando una bandeja de hornear preengrasada, o poniéndoles unas rebanadas de pan o cebolla para que el pescado no se pegue, colóque el pescado en el centro de la bandeja.

Agregue todos los ingredientes, excepto la lechuga, los huevos y los rabanitos, porque todos ellos se usan para decorar. Selle la bandeja con papel de aluminio, colocándola en el centro del horno y Hornéelo de 45 minutos a una hora, o hasta que esté cocinada.

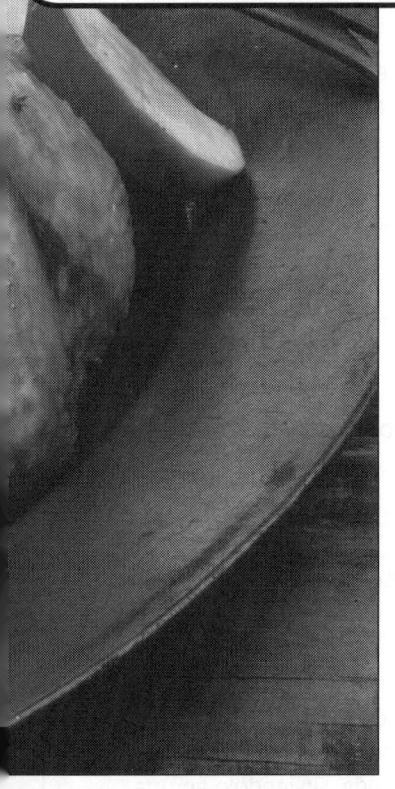

pollos • aves

ARROZ A LA REGENTA

Ingredientes:

- 1/2 taza de arroz
- 1/4 lb. de margarina (1 barra)
- 1/2 taza de queso parmesano
- 3 tazas de caldo de pollo
- 1 cebolla picada
- Sal y pimienta

Procedimiento:

Sofreír la cebolla en margarina.
Añadir arroz, revolviendo en la margarina. Salpimiente al gusto. Añada el queso y el caldo de pollo. Una bien y cocine a fuego lento hasta que el arroz esté cocinado.

Para preparar la salsa:

- 2 pechugas de pollo cocidas y picadas
- 2 cdas. de harina
- 1 taza de caldo de pollo
- 1/2 taza de margarina
- 1/2 taza de vino blanco
- Sal y pimienta blanca al gusto
- Para decorar, Chícharos (*petit-pois*) y pimientos morrones para decorar

Procedimiento:

Calentar la margarina en una cazuela pequeña, añadir harina y mezclar bien.
Gradualmente añada el caldo de pollo, hasta que suavice.
Añada vino, sal, pimienta y las pechugas de pollo. Cocine a fuego lento hasta que las pechugas estén completamente calientes. Coloque el arroz cocinado en un molde engrasado en forma de anillo. Presione y sáquelo del molde, sirviéndolo en una bandeja. Ponga la salsa en el centro, decore con los *petit pois* y los pimientos.

POLLO AL BERRO

Ingredientes:

- 2 pechugas de pollo, en mitades, deshuesadas y sin piel
- 3 cdas. de aceite
- 2 cdas. de mantequilla
- 3 cdas. de cebolla picada
- 1 diente de ajo picado
- 1 cda. de perejil picado
- 1 taza de zanahoria picada, zapallitos italianos, pimentón rojo, bróculi y coliflor.
- 1/2 taza de berro o espinacas
- Pimienta
- 1 cdta. de sal

Procedimiento:

Cortar el pollo en tiritas y saltear en mantequilla durante unos minutos.
Hay que evitar cocinar la carne demasiado, ya que se reseca.
En una sartén grande, calentar el aceite y agregar la cebolla, ajo y perejil.
Saltear unos segundos. Agregar los vegetales y saltear unos minutos a fuego alto.
Si las verduras tienden a quemarse, agregar 2 cucharadas de agua a la sartén.
Agregar el pollo y cocinar hasta que esté caliente.
Rectifique la sal. Añada el berro o espinacas y pimienta al gusto.
Calentar un minuto.
Servir de inmediato.

Da para 4 personas.

POLLO CON CHOCOLATE Y SALSA DE AGUACATE

Ingredientes:

- 1 lb. de pechuga de pollo
- 1 taza de harina
- 1/4 de taza de *shallotes* (cebollitas)
- 2/3 de taza de crema de leche
- 4 cdas. de cilantro picado
- 1/4 taza de mantequilla
- 1/4 de taza de aceite
- 1 taza de vino blanco
- 1-1/2 tazas de caldo de pollo
- Salsa de aguacate
- 3 oz. de chocolate semidulce, rebanado
- 8 tortillas finamente picadas y fritas

Procedimiento:

Caliente el aceite, espolvoree los filetes de pollo con la harina de hornear y fría.

Añádale el vino y la mitad del chocolate. Cocínelos hasta que se reduzca a la mitad, y continúe cocinándolos por un minuto.

Retire los filetes de pollo de la sartén y colóquelos en una fuente con la salsa de aguacate en el medio.

Cuando la salsa en la que ha cocinado los filetes espese, retírela del calor y añada el cilantro, el chocolate y la mantequilla.

Sirva la salsa sobre el pollo y decore la fuente con tortillas finamente picadas.

Preparación de la salsa de aguacate:

- 3 aguacates
- 1 ó 2 cebollas
- 1 pizca de salsa picante (Tabasco)
- Jugo de limón (2 limones)
- 1 racimito de cilantro
- 1 cdta. de ajo molido
- Sal y pimienta al gusto

■ Una todos los ingredientes en una licuadora o procesadora hasta que adquiera una consistencia fuerte.

PECHUGAS DE POLLO A LA MEXICANA

Ingredientes:

- 2 pechugas de pollo deshuesadas
- 8 tortillas de maíz
- 8 rebanadas de queso blanco
- 4 jitomates (tomates maduros) medianos, pelados
- 2 cebollas medianas, picadas
- 2 chiles jalapeños, pequeños
- 4 dientes de ajo, picados
- 1 taza aceite
- 1/2 taza de harina para todos los usos
- Sal y pimienta al gusto

Procedimiento:

Pase las pechugas de pollo deshuesadas por la harina, la sal y la pimienta (al gusto).
Caliente el aceite en una sartén grande a fuego mediano.
Fría el pollo hasta que se dore, y entonces póngalo a un lado.
En la misma sartén fría la cebolla, el ajo, los tomates, los chiles cortados en rebanadas. Sal y pimienta al gusto. Agréguele el pollo y termine de cocinarlo por 15 minutos.
En un recipiente para hornear, ponga las tortillas de maíz previamente pasadas por aceite (sin dorarlas). Ponga el pollo, el sofrito y finalmente las rebanadas de queso. Coloque en el horno por 5 minutos o hasta que el queso esté gratinado.

PECHUGAS DE POLLO A LA PARMESANA

Ingredientes:

- 3 pechugas de pollo, enteras
- 4 cdas. de aceite
- 5 cdas. de caldo de pollo
- Harina
- 4 cdas. de mantequilla
- 3 oz. de jamón serrano en rebanadas finas
- 2 oz. de queso parmesano rallado
- Sal y pimienta negra, recién molida

Procedimiento:

Remueva la piel y deshuese las pechugas y aplánelas. Ponga el horno a calentar a 325°F.
Pase las pechugas por harina sazonada con sal y pimienta. Fría las pechugas de 2 a 3 minutos por cada lado en una mezcla de mantequilla y aceite.
Coloque en una fuente refractaria donde quepan las seis pechugas en una sola capa.
Coloque una rebanada de jamón sobre cada pechuga, cuidando que no sobresalgan. Espolvoree con queso rallado.
Vierta el caldo en la sartén a fuego alto y revuelva con una espátula para recuperar los jugos. Deje hervir unos minutos, cuele y vierta sobre las pechugas.
Tape y póngalo al horno y deje cocer 15 minutos para que el queso se derrita y se integren los sabores.
Sirva de inmediato, virtiendo el jugo encima.

Da para 6 personas

POLLO CON BERENJENAS

Ingredientes:

- 1 pollo en piezas
- 1/2 lb. de cebollas
- 1 lb. de tomates enteros
- 2 pimientos verdes (en tiras)
- 1 latica de pimientos morrones
- 4 cdas. de harina
- 1/4 de cdta. de pimienta en polvo
- 4 cdas. de aceite
- 4 dientes de ajo
- 1 berenjena (pelada y en trozos)
- 1/2 cdta. de pimentón ahumado
- 2 cdtas. de sal

Procedimiento:

Seque el pollo con papel toalla. Salpimiente y páselo por harina.

En una sartén, caliente el aceite y ponga a freír las piezas de pollo por 5 minutos de cada lado o hasta que estén doraditas.

Se escurren y se reservan en un recipiente para hornear. Utilizando la misma sartén donde se frió el pollo se le añaden la cebolla, los dientes de ajo, los pimientos verdes y tomates. Se saltean por 5 minutos o hasta que se vean suaves.

Se le añaden los pedazos de berenjena y se sazonan con sal, pimienta y pimentón.

Revuelva cuidadosamente. Se cubren con los pimientos morrones. Sirva esta salsa sobre las piezas de pollo. Se tapa herméticamente y se colocan en el horno precalentado a 375°F.

Se cocina por 45 minutos.

CHICHARRONES DE GALLINA

Ingredientes:

- 2 lbs. de pollo deshuesado (pierna y pechuga)
- 3 cdtas. de salsa de Soya (Salsa China o Sillao)
- 1/2 cdita. de canela china (polvo de 5 sabores)
- 1 cdta. de azúcar
- 1 cdta. de sal
- 6 cdas. de maicena
- 3 tazas de aceite

Procedimiento:

Lavar y secar el pollo. Cortar en trozos pequeños.

Aderezar los trozos de pollo con salsa de Soya, canela china, sal y azúcar.

Mezclar con los palitos chinos o con los dedos, hasta que los ingredientes estén bien combinados.

Reposar por 10 minutos.

Calentar bien el aceite en una sartén honda o en un *"wok"* (sartén china).

Empolvar los trozos de pollo con la maicena.

Freír en el aceite caliente hasta que doren.

Servir junto a un recipiente con jugo de limón o con *catsup* al gusto.

Da para 6 personas.

CODORNICES GLACEADAS A LA MITAD

Ingredientes:

- 2 codornices, cortadas a la mitad a lo largo.
- 1/2 taza de jalea de manzana
- 2 cdas. de vino blanco
- 1 diente de ajo molido
- 1-1/2 cda. de condimento italiano (*Italian Seasoning*)
- 1/2 cdta. de pimienta
- 1 cdta. de sal

Procedimiento:

Caliente el horno a 400°F.
Revuelva la jalea, el vino, ajo y condimentos.
Pásele una brocha con esta mezcla sobre cada mitad de codorniz.
Cocine en el horno de 40 a 45 minutos o hasta que estén suaves,
tapándolas con una lámina suelta de papel de aluminio los últimos 15 minutos de calor, para prevenir que se tuesten demasiado.

Da para 4 personas.

POLLO FRANCES

Ingredientes:

- 4 pechugas grandes de pollo
- 1 lata de sopa de crema de champiñones
- 2/3 de taza de champiñones enlatados con su líquido
- 1 taza de crema agria
- 1/2 taza de jerez
- Paprika al gusto

Procedimiento:

Salpimiente el pollo y colóquelo en un refractario con la piel hacia arriba. Mezcle todos los ingredientes y vierta la mezcla sobre el pollo, espolvoreando la paprika. Hornee a 350°F por 1-1/4 horas, o hasta que el pollo esté completamete cocinado.

CODORNICES A SALSA AGRIDULCE

Ingredientes:

- 4 codornices pequeñas
- 1 botella grande de aderezo francés (*French Dressing*)
- 1 paquete de sopa de cebolla
- 1 pomo grande de confitura de albaricoque (*Apricot Preserve*)
- 4 cucharaditas de margarina
- Sal y pimienta al gusto

Procedimiento:

Cortar las codornices en dos. Mezclar en un recipiente el *"French Dressing"*, el paquete de sopa de cebolla, y el pomo de confitura, hasta que se suavice toda la sopa. En un bol refractario (*Pyrex*), previamente engrasado con la margarina, poner las codornices picadas en dos. Se agrega la salsa sobre las codornices, hasta que estén cubiertas. Hornear a 350°F, de 45 minutos a 1 hora.

ARROZ CON POLLO

Ingredientes:

- 1/4 de taza de aceite
- 1 pollo cortado en porciones
- 2 cebollas peladas y cortadas finamente
- 1 diente de ajo picadito
- 1/2 lata de salsa de tomate
- 1 o más chiles serranos picados
- 1/2 cdta. de comino molido
- 1/4 de cdta. de azafrán en polvo
- 6 cubitos caldo de pollo
- 4 tazas de agua
- 1 lata de cerveza
- 1 taza de arroz
- 1 lata de pimientos morrones cortados en tiritas (4 oz.)
- 1 lata de chícharos (*petit pois*) en conserva (6 oz).
- Sal y pimienta recién molida, al gusto

Procedimiento:

Ponga a calentar el aceite en una olla de presión (sin la tapa). Condimente las porciones de pollo con sal y pimienta. Sofría en el aceite. Añada a la misma olla la cebolla, el diente de ajo, la salsa de tomate, los chiles, comino molido, azafrán en polvo, los cubitos de pollo, el arroz y el agua. (Diluya los cubitos de caldo en el agua)
Se tapa y se cocina a fuego mediano alto hasta que empiece a sonar la válvula. Se reduce el calor y se cocina por 5 minutos más. Si quiere que el arroz sea a la chorrera, deje que el vapor se elimine. Abra la olla y rocíe la cerveza por encima del arroz. Revuelva y sirva.

Sirve de 4 a 6 personas

POLLO A LA CACEROLA

Ingredientes:

- 1-1/4 lbs. de pollo deshuesado, cocinado y cortado en trozos.
- 1/2 barra de mantequilla
- 2 cdtas. de aceite
- 1 taza de ejotes (habichuelas, *greenbeans*)
- 1 zanahoria
- 2 zapallitos zucchini redondos, cortados en tiras.
- 2 cebollas en rodajas
- 1 pimiento verde sin semillas y cortado en tiras
- 1 lb. de tomates pelados, sin semillas y picados
- 6 huevos
- 1/2 taza de queso rallado
- Sal y pimienta

Procedimiento:

Preparar un molde de hornear profundo, bien engrasado con mantequilla.

En una sartén, derretir la mantequilla y el aceite, y cuando esté bien caliente, incorporar los zapallitos. Cocinar hasta que estén tiernos y retirar con una espumadera, colándolos bien y llevarlos a la cazuela.

En el mismo aceite, saltear apenas los ejotes, retirarlos y colocarlos en la cazuela con los zapallitos.

En la sartén, colocar la cebolla, el ají y la zanahoria rallada. Cocinar hasta que todo se note tierno. Añadir los tomates y cocinar durante 5 minutos, revolviendo con una cuchara de madera. Pasar todos estos ingredientes (sin líquido) a la cazuela.

Semibatir los huevos, agregando la mitad del queso y los condimentos. Sobre las verduras de la cazuela, acomodar los trozos de pollo y verter encima los huevos, espolvoreando con el resto del queso rallado. Hornear a temperatura moderada hasta que los huevos estén consistentes.

Servir.

PICADILLO DE PAVO

Ingredientes:

- 1 lb. de pavo molido
- 8 aceitunas picadas
- 3 dientes de ajo
- 2 cdas. de pimientos morrones
- 4 cdas. de uvas pasas
- 1 taza de puré de tomate
- 1 cebolla pequeña
- 1/2 pimiento
- 1 cda. de alcaparras
- 2 cdas. de vino seco

Procedimiento:

El secreto del picadillo de pavo es, cocinar en una sartén el pavo molido y sacarle todo el líquido.

Se puede escurrir la carne cocinada en un colador. Esto hará que la carne no quede demasiado aguada y con un sabor que no deseamos. Se unen los ingredientes —excepto las pasas— con la carne de pavo y se cocina por unos 45 minutos hasta que esté completamente cocido.

Da 4 porciones

PASTELON DE POLLO

Ingredientes

Masa:
- 3 tazas de harina de hornear
- 1/2 cdta. de sal
- 1/2 taza de manteca vegetal
- 3 cdas. de azúcar blanco
- 2 cdtas. de polvo de hornear
- 1/4 taza de agua
- 1 huevo
- 2 cdas. de vino seco

Procedimiento:

Con una espátula o estribo, se unen todos los ingredientes secos. Después, la manteca vegetal, hasta que estén bien unidos. Se añade el huevo, el agua y el vino seco. Se amasa con las manos, se envuelve en papel plástico y se deja descansar en el refrigerador por media hora.

Dividiendo la masa en dos, se pone la mitad sobre un pedazo de papel parafinado (*wax paper*) ligeramente enharinado. Pasando del centro hacia afuera con un rodillo, se estira la masa a cubrir el fondo de un molde y las paredes, volteando el papel con la masa sobre el molde. Dejar descansar en el refrigerador, si se demora en rellenarlo. Pinche la masa con un tenedor para que no se levante.

Una vez relleno el pastel, estire la otra parte de la masa de la misma forma, cubriendo el molde. También, haga unos orificios en la cubierta para que el vapor salga. Para un bonito terminado, corte unas tiras de masa y colóquelas por el borde del molde. Bata la yema de un huevo y agréguele un poquito de vino seco. Con una brocha, bañe toda la cubierta del pastelón.

Pre-caliente hasta los 350°F. Hornee por una hora.

Relleno:
- 2 ó 4 cdas. de aceite
- 1 pollo cocinado
- 4-1/4 oz. (1 latita) de pimientos morrones

- 1 pimiento verde, finamente picado
- 1 lata de 25 oz. de vegetales mixtos
- 3 dientes de ajo
- 2 cebollas grandes picadas
- Pimienta y sal al gusto
- 2 huevos duros
- 1 cda. de *catsup*
- Chícharos (*petit pois* o arvejas)
- 4 cdas. de aceitunas
- 3 cdas. de uvas pasas
  (opcional, 4 cdas. de almendras y nueces)

Use pollo hervido, o pollo en barbacoa, sin piel, todo carne. Sofría en el aceite la cebolla y el ajo. Cuando la cebolla se ponga suave, añada el pimiento, la sal, pimienta, el *catsup*, las aceitunas, las almendras, las uvas pasas, y por último los *petit pois*. Si ve que el relleno está seco, añada un poco de vino seco o caldo de pollo.

Cocínelo por unos minutos más. Después de rellenar el pastelón, antes de taparlo póngale huevos duros cortados en rebanadas, encima del relleno.

POLLO A LA MOSTAZA

Ingredientes:

- 6 piezas de pollo
- 1 taza de crema de leche
- 1 taza de mostaza
- 1/2 cdta. de ajo
- 1/2 cdta. de sal
- 1 pizca de pimienta

Procedimiento:

Precaliente el horno a 350°F. Salpimiente y agregue el ajo al pollo. Utilizando un molde de hornear, coloque las piezas de pollo. Una la crema de leche con la mostaza y viértalos sobre el pollo. Hornee a 350° por 45 minutos o hasta que el pollo esté completamente cocinado.

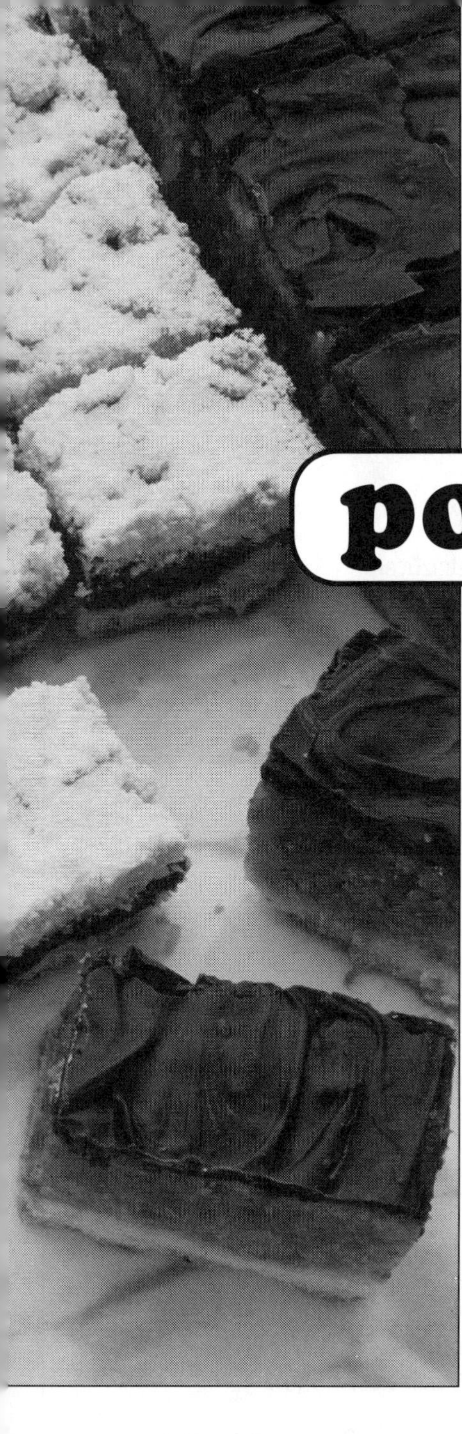

postres

postres
postres
postres
postres
postres
postres
postres
postres
postres
postres
postres
postres
postres
postres
postres

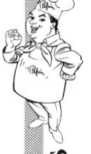

POLVORONES

Ingredientes:

- 1 taza de manteca vegetal
- 1 taza de azúcar
- 3 tazas de harina de hornear
- 1 pizca de sal

Procedimiento:

Precalentar el horno a 350ºF.
Se une la manteca vegetal con el azúcar
Se añade la harina poco a poco hasta formar una masa.
Coloque en una plancha de galletitas las bolitas de una pulgada de diámetro, a una separación de 3 pulgadas de una bolita a otra. Las puede coronar con un pedacito de dulce de guayaba o jalea.

PIE DE NUECES

Ingredientes:

- 3 huevos (ligeramente batidos)
- 1 taza de sirope de maíz claro (miel)
- 1 taza de azúcar
- 2 cdas. de aceite de maíz
- 1 cdta. de vainilla
- 1-1/2 tazas de nueces

Procedimiento:

Una bien los primeros 5 ingredientes.
Añada las nueces. Vierta la mezcla en una cubierta para pastel de 9" (lo más profundo que encuentre).
Póngalo en el horno por 50 ó 55 minutos, a 350ºF

Da de 3 a 4 personas

FLAN DE QUESO CREMA

Ingredientes:

- 1 lata de leche condensada
- 14 oz. de leche de vaca.
  (La misma medida de leche condensada)
- 1 pizca de sal
- 5 yemas de huevo
- 8 oz. de queso crema
- 1 cdta. de vainilla
- 8 cdas. de azúcar

Procedimiento:

Poner a calentar el azúcar a fuego mediano hasta que se diluya y adquiera un color doradito.

Mientras hace el caramelo, una todos los ingredientes en la licuadora.

Cuando ya tiene el caramelo, cubra con éste el molde (debe de ser con tapa). Vierta la mezcla en el molde acaramelado.

Usando una olla de presión ponga el recipiente dentro de la olla, cubriéndolo con 3/4 partes de agua. Tape la olla, y póngalo a cocinar por 15 minutos a todo fuego.

Apague el fuego dejando la olla en la hornilla, hasta que todo el vapor se salga. Enfriado en el refrigerador, desmoldar en un plato que tenga suficiente fondo para guardar el caramelo. (Para evitar que el flan se parta, déjelo reposar unos minutos después que lo saque del refrigerador, antes de desmontar).

Si no tiene la olla de presión, ponga el molde en el baño de María (en otro recipiente con agua que cubra más de la mitad del molde) a 350°F hasta que al introducir un palillo, salga seco.

BOSQUE ENCANTADO

Ingredientes

Bizcocho:
- 8 oz. de harina
- 8 huevos
- 12 oz. de azúcar
- 2 yemas
- 2 oz. de chocolate
- 2 oz. de maicena
- 1/3 de taza de aceite
- 1 cdta. de vainilla
- Un punto de sal

Relleno de Mocka con Nueces:
- 1 taza de manteca vegetal
- 1/2 taza de mantequilla
- 1 taza de azúcar moreno
- 2 tazas de azúcar en polvo
- 1 cda. de vainilla
- 3 cdas. de café instantáneo
- 1 taza de nueces picadas
- Punto de sal

Decoración con Merengues:
- 9 claras de huevo
- 1/2 cdta. de sal
- 1-1/2 cdta. de polvo de hornear
- 3 tazas de azúcar
- Un punto de café en polvo
- Un punto de chocolate en polvo

Procedimiento:

Bizcocho:
Se baten los huevos con el azúcar y la sal. Luego se agrega la harina con la maicena, y en forma envolvente también se le agrega el aceite y la vainilla. Se pone en un molde bajo y extendido, cubierto con papel de cera. Se hornea a 350°F por 1/2 hora.

Relleno de Mocka

Se bate la mantequilla primero, luego se le agrega la manteca y después el azúcar moreno y se sigue batiendo un rato. Se le agrega el azúcar en polvo, la sal, el café instantáneo y la vainilla, se bate bien, y queda listo el relleno.

Desmolde el bizcocho sobre una toalla y envuelva. Después que el bizcocho se ha envuelto en una toalla y ya se ha refrescado, se extiende sobre la mesa, se moja con licor y se le extiende el relleno y las nueces.

Se cubre con *icing* de chocolate malteado.

Para adornar, se hacen los merengues con las claras batidas a la nieve, agregando la sal, el polvo de hornear y por último el azúcar. Esto se pone en una manga, se hacen los deditos de merengue y se hornea a 250°F por 1 hora.

En la bandeja, se ponen los merengues alrededor del rollo.

CHURROS

Ingredientes:

- 1 cdta. de sal
- 1 taza de leche
- 1 taza de agua
- 1 cda. de margarina
- 2 tazas de harina de hornear

Procedimiento:

Ponga al fuego la leche con el agua, margarina y sal.

Cuando rompa el hervor, añada de una sola vez toda la harina, retírelo del fuego y bátalo fuertemente hasta que la masa quede suave. Ponga la masa en una churrera o manga de decorar, y fríalos en aceite bien caliente (390°F).

Da aproximadamente 15 churros.

Sugerencia: Nunca haga los churros sobre aceite caliente. Moldéelos sobre un papel parafinado y después fríalos.

TORREJAS

Ingredientes:

- 1 pan de huevo y canela
- 3 yemas de huevo
- 1 lata leche evaporada
- 1 taza de azúcar blanco
- 1/4 de taza vino seco
- 1 cdta. de vainilla
- 1 cdta. de canela
- 4 huevos
- 1/4 de lb. de mantequilla

Jarabe o miel:
- 1 taza de azúcar
- 1 taza de agua
- 1 cáscara de limón
- 1/2 cdta. de vainilla
- 1 ramita de canela

Utilizando una cazuelita ponga todos los ingredientes, revuelva y hága hervir hasta hacer un almíbar ligero.

Procedimiento:

Bata las yemas y añádales la leche evaporada, azúcar, vino seco, vainilla y canela en polvo. Remoje las ruedas de pan en esta mezcla por unos minutos. Bata los huevos. Pase los panes por huevo y fríalos en la mantequilla. Sirva las torrejas frías con el jarabe o miel.

Da 16 raciones

MOUSSE DE MANGO

Ingredientes:

- 4 mangos
- 2 mangos pelados y partidos para decorar
- 1/2 taza de clara de huevo
- 2 tazas de crema de batir
- 1 sobre de gelatina sin sabor
- 1/4 de taza de agua
- 1/2 taza de azúcar
- 2 cdas. de brandy

Procedimiento:

Se licúa la pulpa del mango y se mezcla con el azúcar y la gelatina. Se baten las claras de huevo y se unen a la mezcla anterior. Se bate la crema de batir y se une a la mezcla anterior. Se le añade el *brandy*. Se sirve en copas y se pone a refrigerar

NATILLA

Ingredientes:

- 4 tazas de leche
- 1 ramita de canela
- 1 pedazo de cáscara de limón
- 6 yemas de huevo
- 1-1/2 taza de azúcar blanco
- 4 cdas. de maicena
- 1/4 de taza de agua
- 1 cdta. de vainilla
- 1/4 cdta. de sal

Procedimiento:

Hierva la leche con la canela, cáscara de limón y sal. Déjela refrescar. Bata las yemas con el azúcar y la maicena disuelta en el agua. Añádale la leche. Cuélelo todo y cocine al baño de María o a fuego mediano, revolviéndo constantemente hasta que espese. Añada la vainilla y vierta en la dulcera. Deje enfriar bien. Espolvoree con canela o planche con azúcar al gusto.

MERENGON DE CIRUELAS PASAS

Ingredientes

- 2 oz. de margarina
- 12 claras de huevo
- 2 tazas de azúcar
- 1/4 de cdta. de cremor tártaro
- 1 taza de ciruelas pasas picadas
- Vino suficiente para cubrir las ciruelas

Procedimiento:

Precaliente el horno a 350°F.
Se dejan las ciruelas pasas en vino y se licúa una parte de las ciruelas con el vino.
Se baten las claras a punto de nieve y se les va agregando el azúcar poco a poco, hasta alcanzar el punto de pico.
Se engrasa un molde de anillo y allí se pone la mezcla. Hornee por unos minutos hasta que el merengue se vea firme. Se adorna con ciruelas que se dejaron separadas al principio y que se acaramelan, para decorar.

Este postre se acompaña de crema inglesa.

PIE DE MOUSSE DE CHOCOLATE

Ingredientes:

- 1 concha de *pie*
- 1-1/2 tazas de leche
- 1 sobre de gelatina sin sabor
- 1 taza (6 oz.) de "besitos" de chocolate semidulces
- 1 cdta. de vainilla
- 1 taza de crema de leche
- Fresas y frambuesas para decorar

Procedimiento:

Ponga la leche a calentar en una cacerola y diluya en ella la gelatina sin sabor. Añada el chocolate y continúe la cocción, revolviendo constantemente hasta que se haya disuelto. Agregue la vainilla. Deje enfriar, revolviendo de vez en cuando, hasta que cuaje un poco (aproximadamente una hora).
Intégrele la crema batida con un tenedor.
Vierta la mezcla en la concha de pie y deje enfriar unas 2 horas. Decore con fresas y frambuesas frescas.
Si quiere decorar con hojas de chocolate:
Derrita el mismo tipo de chocolate (a baño de María, o en el microondas) hasta que se ponga líquido.
Coloque las hojitas frescas que más le gusten boca abajo en papel de cera, y pincélelas con el chocolate fluido. Coloque en el refrigerador para que se endurezcan.
Agarrando la hojita de chocolate por la punta, sepárela de la natural con mucho cuidado.

Da de 6 a 8 personas

PANETELA DE SALVADO

Ingredientes:

- 1-1/2 taza. de harina
- 1-1/2 tazas de cereal *bran*
- 1/2 taza de azúcar
- 1/2 taza de pasas
- 1 cdta. de polvo de hornear
- 1/2 cdta. de bicarbonato de soda
- 1/2 cdta. de sal
- 1 taza de suero de leche (*butter milk*)
  (si no tiene suero de leche, agregue una cucharadita de vinagre a la leche normal)
- 1/4 taza de aceite
- 1 huevo batido ligeramente
- 2 cdtas. de azúcar
- 1 cdta. de canela
- Mantequilla

Procedimiento:

Una todos los ingredientes, engrase el molde (tipo *pan*) con mantequilla y espolvoree un poquito de harina de hornear.

Vierta todos los ingredientes en el molde. Espolvoree la masa una vez en el molde con azúcar y la canela, haciendo una cubierta. Precaliente el horno a 375°F. y hornee por 40 ó 50 minutos, o hasta que salga seco cuando se le introduzca un palito.

Da de 4 a 6 personas.

TORTA DE ZANAHORIAS

Ingredientes:

- 2 tazas de zanahorias frescas, ralladas
- 1 paquete de mezcla para pastel amarillo (*yellow cake mix*)
- 1 lata de 8 oz. de piña triturada con su jugo
- 1/2 taza de agua
- 3 huevos
- 1/2 taza de pacanas (*pecans*)
- 1/2 taza de aceite
- 2 cdtas. de canela

Cubierta:

- 6 oz. de queso crema (suavizado)
- 1/3 de taza de mantequilla
- 1-1/2 cdtas. de vainilla
- 3-1/2 tazas de azúcar de repostería
- 1 cdta. de leche

Procedimiento:

Precalentar el horno a 350°F.
Engrase y salpique harina de hornear en un molde de 13 x 9 x 2". En un recipiente, una la mezcla para torta, las zanahorias, piña, agua, huevos, aceite, pacanas y la canela.
Usando una mezcladora a baja velocidad, una todo hasta que esté húmedo. Continúe batiendo a velocidad mediana por dos minutos más. Viértalo en un molde. Hornee a 350°F de 35 a 40 minutos. Inserte un palillo, y si sale seco, ya está listo.
Enfríe el molde en una rejilla para panetelas.

Cubierta:

Una el queso crema, la mantequilla y el extracto de vainilla. Todo esto en un recipiente grande. Bátalo con una mezcladora a velocidad moderada hasta que suavice. Gradualmente agregue el azúcar de repostería y la leche hasta que se una bien.
Puede decorar la torta con pedacitos de frutas y pacanas.

MANZANAS ASADAS CON DATILES Y NUECES

Ingredientes:

- 4 manzanas rojas grandes
- 6 cdas. de jugo de manzana natural, sin endulzar
- 2 oz. de dátiles sin hueso, cortados en trozos grandes
- 1/2 oz. de nueces peladas y picadas
- 3 cdas. de azúcar
- 1 oz. de canela molida
- 1 cda. de crema batida

Procedimiento:

Ponga el horno a calentar a 350ºF.

Quíteles el corazón a las manzanas con un extractor de hueso o con un cuchillito filoso. Haga cortes en la piel alrededor del centro.

Prepare el relleno mezclando dátiles, nueces, azúcar y canela. Rellene el centro de la manzana con una cucharilla, empujando bien hacia el fondo.

Vierta un poco de jugo de manzana por encima.

Hornee durante 50 ó 60 minutos, bañándolas de cuando en cuando con jugo de manzana.

Pruebe hacia el final, introduciendo la punta de un cuchillo en el centro.

Sirva de inmediato con crema batida por encima.

Da para 4 personas

PIE DE MENTA Y CHOCOLATE

Ingredientes:

- Galletitas de chocolate (*wafers*)
- 1 jarra de 10 oz. de malvavisco (*marshmallow*) en crema
- 2 cdas. de licor de crema de cocoa blanco
- 2 cdas. de licor de crema de menta verde.
- 3/4 de taza de crema de leche.

Procedimiento:

Coloque las galletitas haciendo una corteza en un molde de *pie*. Para rellenar los huecos use las galletitas partidas.
Combine la crema de *marshmallow* y los dos licores en una mezcladora a toda velocidad por un minuto. Bata la crema de leche. Incorpore la crema batida a esta mezcla y rellene el molde con la mezcla. Ponga el pie en el congelador por lo menos 8 horas durante la noche (nunca se llega a congelar del todo). Se puede hacer con anterioridad. Decórelo con crema batida y pedacitos de chocolate.

PERAS AL VINO

Ingredientes:

- 8 peras peladas, maduras pero firmes
- 1-1/3 de taza de vino rojo seco
- 1/2 taza de azúcar

Procedimiento:

Coloque las peras bien juntas, paradas (si es necesario corte la parte de abajo para que se puedan parar), y bañe las peras con el vino y espovoreele el azúcar. Hornéelas durante 45 minutos a 400ºF. Bañe las peras con el jugo y el azúcar restante. (Si el jugo se evapora y las peras se doran antes de cocinarse, añada unas cuantas cucharadas de agua). Cocínelas hasta que las peras estén suaves.

PAN DE COCO

Ingredientes:

- 3 tazas de harina de hornear
- 1 cda. de polvo de hornear
- 1 cdta. de sal
- 1 taza de azúcar
- 2 tazas de coco rallado fresco
- 2 huevos
- 1 taza de leche evaporada
- 1 cdta. de vainilla
- 4 oz. (1 barra) de mantequilla sin sal, derretida, pero no caliente.

Procedimiento:

Cernir la harina, el polvo de hornear y la sal. Añada el azúcar y el coco, también los huevos, la leche, la vainilla y la mantequilla, y unirlo todo bien. Divida la masa en dos, depositándola en varios moldes preengrasados de 9 x 5". Llene 2/3 de cada molde. Salpique azúcar por arriba.

Hornéelos en un horno pre-calentado a 350°F por 55 minutos o hasta que el palillo salga seco. Deje enfriar en el molde.

Desmoldee y coloque el pan en una rejilla de hornear para que se refresque.

FLAN DE KAHLUA

Ingredientes:

- 4 huevos y 8 yemas
- 1 litro de leche
- 1 taza (8 oz.) de Kahlúa
- 8 cdas. de azúcar
- 14 oz. de café descafeínado
- 1 cda. de café *expresso*

Procedimiento:

Poner a hervir la leche con el café. Dejarlo aparte. En un recipiente batir los huevos, la Kahlúa y el azúcar. Mezclarlo con la leche y el café.
En el molde previamente cubierto con caramelo se vierte todo, se pone al baño de María en el horno, a 350°F por hora y media.
Dejarlo enfriar, luego se vierte y se sirve frío.

Caramelo:
Cocine a fuego mediano una taza de azúcar hasta que cambie de color. Mueva con cuidado la cazuelita que utiliza para que la pasta se haga más uniforme. No deje que se ponga demasiado oscura, porque entonces tiende a volverse amargo. Bañe el molde que va a usar. Deje que el caramelo se endurezca antes de servirle la mezcla del flan.

FLAN DE CHOCOLATE

Ingredientes:

- 1 lata de leche evaporada
- 1 lata de leche condensada
- Leche fresca (la misma de la lata de leche evaporada)
- 1 cdta. de vainilla
- 3 huevos
- 1/4 de taza de cocoa

Procedimiento:

Utilizando una licuadora, una todos los ingredientes y viértalos en el molde previamente cubierto de caramelo. Hornéelo a baño de María por una hora o hasta que luzca firme.

MOUSSE DE CHOCOLATE

Ingredientes:

- 12 huevos
- 1 taza de azúcar
- 12 oz. de chocolate semidulce
- 3 paquetes de gelatina sin sabor
- 6 cdas. de agua caliente
- 3 cdas. de *brandy*
- 1 cda. de vainilla
- 2 tazas de crema de batir

Procedimiento:

Separar los huevos. Batir las claras con una pizca de sal hasta punto de nieve en un bol totalmente limpio y seco. Añada el azúcar poco a poco sin dejar de batir, hasta que el azúcar se haya terminado. Derretir el chocolate en baño de María. Batiendo, agregue las yemas. Disolver la gelatina en agua caliente y agregarle la vainilla y el brandy. Incorpore esto al chocolate. Batir la crema de leche hasta que esté espumosa, y también agréguesela a la mezcla del chocolate. Una la salsa al merengue suavemente, en forma envolvente. Distribúyalas en unas copas y enfríelas.

PAN DE NUECES Y PLATANOS

Mezclar en un recipiente:
- 2 bananas o platanitos bien maduros majados
- 2 huevos batidos hasta que estén bien claros

Aparte:
- 2 tazas de harina
- 3/4 de taza de azúcar
- 1 cdta. de sal
- 1 cdta. de bicarbonato de soda
- Se mezcla todo y se le añade 1/2 taza de nueces picaditas

Procedimiento:

Mezclar todo y ponerlo en un recipiente para hornear de 9 x 5", cubierto con margarina. Hornear por 1 hora a 350°F.

FLAN DE PIÑA

Ingredientes:

- 1 lata de leche condensada
- 1 lata de leche evaporada
- 1 lata de piña de 10 oz.
- 2 tazas de agua hirviendo
- 6 oz. de gelatina de piña

Procedimiento:

Disolver la gelatina en dos tazas de agua caliente. Mezclar las leches y la piña. Unirlo todo y ponerlo en un molde bañado de caramelo.
Enfriar desde el día anterior, o por lo menos, 4 horas.

sopas

GAZPACHO

Ingredientes:

- 2 tazas de tomates picados
- 1 taza de zucchini
- 3/4 de taza de apio
- 4 tazas de jugo de tomate
- 1 taza de pepino pelado y picado
- 1/2 taza de cebollino verde
- 1/4 de taza de pimientos verdes picados
- 1 diente de ajo
- 1 taza de chile verde de lata, rallado
- 1/4 de cdta. de Tabasco
- Jugo de limón al gusto

Procedimiento:

Mezclar bien los tomates, zucchini y apio en un recipiente. Licuar 1/3 de la mezcla. Añadir un poco del jugo de tomate y hacerlo puré. Verter sobre todos los ingredientes.
Enfriar y servir, decorado con rebanadas de limón.

SOPA DE MAIZ Y CALABAZA

Ingredientes:

- 2 cdas. de aceite
- 2 dientes de ajo
- 1 cebolla picada
- 2 tazas de granos de maíz
- 3 tazas de calabaza
- 3 tazas de caldo de pollo cocinada en pedazos
- Sal y pimienta al gusto
- Adornar con hojuelas de maíz (tortillas)

Procedimiento:

En el aceite, saltear cebolla, ajo, y añadir caldo de pollo hasta que hierva. Añadir maíz y calabaza. Corregir el sabor. Cocinar a fuego lento hasta que la calabaza se suavice. Servir con hojuelas de maíz (tortillas)

BISQUE DE TRUCHA AHUMADA

Ingredientes:

- 6 oz. de trucha ahumada
- 3 oz. crema de batir
- 1 cebolla picada
- 1 pimiento picado
- 4 tazas de agua o de caldo de pescado
- 2 cdas. de aceite de oliva

Procedimiento:

Sofreír la cebolla, el ajo y el pimiento en el aceite. Se corta la trucha en trozos y se añade a la sartén. Se retira del fuego y se licúa con la crema y el agua o caldo. Se pone a cocinar de nuevo por unos 10 minutos a fuego bajo.

SOPA DE OSTIONES

Ingredientes:

- 2 papas medianas cortadas en cuadritos
- 2 zanahorias peladas y cortadas en cuadritos
- 2 tallos de apio
- 1 litro de leche
- 1 cda. de cebolla
- 2 cdas. de harina
- 6 cdas. de mantequilla
- 1 pinta de ostiones
- 2 cdas. de perejil
- Sal y pimienta al gusto

Procedimiento:

Sofreír la cebolla, las papas, la zanahoria y el apio cortado en cuadritos. Agregar la harina y la leche poco a poco. Cuando los vegetales estén suaves, agregarles los ostiones y el perejil. Dejar cocinar por unos 15 minutos más. Si la sopa se espesara demasiado, agregar un poco más de leche.

STRACCIATELLA (Sopa de Huevo)

Ingredientes:

- 4 tazas de caldo de pollo
- 2 huevos batidos
- 1/4 de taza de queso parmesano
- 1/2 cdta. de perejil
- Sal y pimienta al gusto

Procedimiento:

Para esta sopa puede utilizar el caldo de pollo hecho en casa o de lata. Hervir el caldo. Agregar los huevos batidos y remover bien para que se cocinen en el caldo. Una vez cocidos los huevos, añadir el queso parmesano. Al momento de servir, espolvorear la sopa con perejil.

SOPA MARBELLA

Ingredientes:

- 2 cebollas medianas picadas en cuadritos
- 1 pimiento picado en cuadritos
- 2 dientes de ajo
- 16 oz. de calamares, picados en pedacitos
- 16 oz. de cambombia (concha)
- 16 oz. de camarones
- 1 taza de caldo de almejas
- 4 litros de agua
- 2 cubitos de caldo de pollo
- Pimiento español en polvo al gusto
- Sal y pimienta al gusto

Procedimiento:

Sofría la cebolla y el pimiento. Añada la cambombia previamente cocida, y se agregan los calamares y camarones y demás ingredientes, dejándolos cocinar alrededor de 10 minutos.

SOPA DE CEBOLLAS

Ingredientes:

- 2 lbs. de cebolla
- 8 tazas de caldo de pollo
- 4 oz. de queso mozzarella
- 1 pan francés
- 2 tazas de vino blanco
- 1 cdta. de orégano
- Sal y pimienta al gusto

Procedimiento:

Se sofríen las cebollas en un poquito de aceite. Luego se añade el orégano y las dos tazas de vino blanco. Se les agregan las 8 tazas de caldo de pollo, y se deja a fuego lento hasta que se cocine. Separe la sopa en pozuelos o platos resistentes al horno. Coloque una rebanada de pan tostado sobre la sopa y cúbralo con una rebanada de queso. Póngalos en el horno hasta que el queso se derrita. Sirva inmediatamente.

SOPA DE MARISCOS

Ingredientes:

- 1 lata pequeña de pasta de tomate
- 3 dientes de ajo
- 1 cebolla picada
- Pimiento picado
- 1/4 de taza de apio picado
- 1 zanahoria rallada
- 2 tazas de caldo de pescado
- Orégano
- Vino blanco
- 1 cda. de aceite
- Mariscos surtidos

Procedimiento:

Se fríe el ajo, la cebolla, el pimiento, el apio y la zanahoria en una cucharada de aceite.

Agregue la pasta de tomate al caldo de pescado y los mariscos.

Por último, añadirle orégano y un chorrito de vino blanco. Hierva.

SOPA MARINERA

Ingredientes:

- 1/2 lb. de pescado
- 2 cdas. de aceite de oliva
- 1 galón de caldo de pescado
- 8 oz. de almejas
- 1 cebolla picada
- 1 hoja de laurel
- 2 dientes de ajo
- Perejil
- 2 Huevos
- Sal, pimienta y paprika al gusto

Procedimiento:

Se pone un filete de pescado, preferiblemente corvina, a cocer en medio litro de agua fría. Se agrega sal y se deja hervir. En una sartén se calienta el aceite y se fríen unos ajos picados. Se añade cebolla picada muy fina, y cuando ya esté dorada, se pone una cucharadita de pimentón molido (paprika) y se vierte rápidamente en la olla con el agua y el filete. Se deja cocer y se revuelve con unas varillas a fin de que se desmenuce el pescado, sazonando con una hoja de laurel y pimienta al gusto. Cuando esté cocido, se bate un huevo (ligeramente) y se agrega a fin de que adquiera cuerpo la sopa. Se puede añadir almejas si se desea, y ya está lista para servir.

SOPA DE MAIZ CON SALSA DE ALMENDRAS

Ingredientes:

De la sopa:
- 2 cdas. de aceite
- 1 taza de cebolla picada
- 1 lata (14-1/2 oz.) de caldo de pollo (bajo en sodio)
- 1 paquete (16 oz.) de granos de maíz (ya descongelados)
- 1 taza de agua
- 1 taza de suero de leche (*buttermilk*)

Ingredientes:

De la salsa de almendras:
- 2 tomates picados
- 1/4 de taza de rebanadas de almendras tostadas
- 1/4 de taza de cebollinos finamente picados
- 1/4 de taza de cilantro picado
- 1/2 cdta. de comino molido
- Salsa picante al gusto

Unir todos los ingredientes en un recipiente y refrigerarlos hasta que los vaya a usar.

Procedimiento:

Sofría la cebolla en el aceite, hasta que se oscurezca. Incorpore el maíz, el caldo de pollo y el agua. Tape y haga hervir. Luego reduzca el calor y cocine por unos 20 minutos o hasta que el maíz esté tierno. Diluya toda la sopa en una licuadora o procesadora hasta hacerla puré.
Añada el *buttermilk* uniendo bien la mezcla.
Sírvala en un plato para sopa con la salsa en el centro.
(Vuelva a calentar la sopa si es necesario).

Da 4 porciones de 205 calorías cada una.

SANCOCHO

Ingredientes:

- 1 pollo cortado en presas
- 1/2 taza de apio picado
- 1 pimentón verde
- 1 cebolla picada
- Perejil
- Cilantro
- Ñame
- 4 mazorcas de maíz
- Agua

Procedimiento:

Sazonar el pollo con sal, pimienta y salsa china.
Sofreír el pollo con cebolla, apio, pimiento y parte del ñame cortado en rodajas delgaditas.
Cuando ya el pollo esté cocido, se agrega el agua, las mazorcas cortadas en ruedas y el resto del ñame cortado en trozos. Sazonar con cilantro, perejil y sal. Dejar hervir hasta que espese.

SOPA DE TOMATES Y PEPINOS CON VINO BLANCO

Ingredientes:

- 1/2 lb. de papas
- 2 tazas de caldo de res o pollo
- 1 taza de vino blanco
- 4 tomates
- 1 pepino
- 1 cda. de cebolla deshidratada
- 1 cdta. de azúcar
- 1 chorrito de crema de leche

Procedimiento:

Pele las papas, corte en cubitos y cueza en el caldo junto con el vino y los tomates. Muela en la batidora. Incorpore la cebolla y la crema de leche. Caliente de nuevo. Agregue el pepino pelado y cortado en cubitos. Caliente a fuego lento y sazone con el azúcar. Sirva fría o caliente.

SOPA DE CHICHAROS

Ingredientes:

- 3 cdas. de aceite
- 1 paquete (10 oz). de chícharos (*petit pois*) congelados
- 1 lechuga romana
- 4 tallos de cebollino (cebolla larga) finamente picada
- 5 tazas de caldo de pollo (instantáneo)
- Crema agria
- Sal y pimienta al gusto
- 6 hojas de menta (opcional)
- Salsa picante (opcional)

Procedimiento:

Caliente el aceite y añada los chícharos, la lechuga y el cebollino. Sofría hasta que el cebollino se ablande. Agregue el caldo
y haga hervir. Reduzca el calor y deje cocer hasta que el caldo espese y los chícharos se hayan ablandado (unos 8 minutos).

Muela en una licuadora. Si es mucha cantidad, hágalo en partes. Vuelva a calentar hasta que espese un poco más.

Decore cada plato de chícharos con una cucharada de crema agria y una hojita de menta.

Da de 3 a 4 personas